Q&A
解雇トラブル後の実務ポイント
―合意退職・復職の手続と対応の留意点―

著　水谷　英夫（弁護士）

新日本法規

は　し　が　き

　新型コロナウイルス感染症の拡大は、私達の日常生活や社会環境を激変させています。日常生活は大幅に制限され、経済活動の停滞に伴って、飲食店やホテル、アパレル産業など業績が悪化する企業が相次ぎ、これらの事業に従事する人々の雇用に深刻な影響を与えています。とりわけ女性労働者への影響が大きく、今日の事態は「女性不況」とも呼ばれています。また、コロナ禍による経営不振を理由に、非正規労働者を中心に契約更新の拒絶や、派遣期間中に派遣労働者を中途解除せざるを得ないケースなどが後を絶ちません。正規労働者の場合も、大企業を中心に大規模な希望退職募集や退職勧奨、さらには整理解雇による人員削減（＝リストラ）が繰り返されています。

　解雇は、使用者の一方的な意思表示によって労働関係を終了させるものであり、労働者の雇用・生活に与える影響が極めて深刻であることから、労働者の自主退職や合意解約とは異なり、各国では使用者の行う解雇の意思表示に対して立法等により様々な法的規制がなされ、解雇に関する（要件や効果など）法的ルールが確立しているのが一般的です。国際労働機関（ＩＬＯ）は、「労働者の雇用は、当該労働者の能力若しくは行為又は企業、事業所若しくは施設運営上の必要に基づく妥当な理由がない限り、終了させてはならない」と宣言し（1982年（昭和57年）、158号条約）、我が国でも「解雇は、客観的に合理的な理由を欠き、社会通念上相当と認められない場合は、その権利を濫用したものとして、無効」（2007年（平成19年）、労働契約法16条）として、解雇された労働者の労働契約上の地位確認を認めることにより問題解決を図ろうとしています。

これに対して、解雇後の法的ルールは未整備であることから、使用者が何らかの事情（例えば、国からの助成金カットや労働者からの解雇予告手当支払請求など）で解雇を撤回したり、裁判等で解雇が無効とされた場合などには、労働者の職場復帰の条件や退職に際しての和解金などの判断は、ケースごとの法律解釈に委ねられることが多くなります。これらをめぐってトラブルが生じるだけでなく、解決の長期化にもつながることになります。例えば、使用者は、一旦行った解雇（特に解雇予告）の意思表示を労働者の同意なしに撤回できるのか？裁判で解雇無効とされた場合、係争期間中の労働者の賃金等はどのようになるのか？この場合、他の会社で働いていた場合はどうなるのか？また、労働者が解雇トラブル後に復職した場合の処遇や合意退職する場合の和解金の額はどのようになるのか？さらには、復職や退職に伴う雇用保険、社会保険等の手続はどのようになるのか？等々、解雇後に解決を迫られる問題は様々です。

　本書は、これらの解雇後に発生し得る諸問題にフォーカスして、解決の糸口や方向性を考えていこうとするものです。第1章では、コロナ禍で悪化した雇用状況や解雇をめぐる企業や法制度の動向を概説し、第2章・第3章では、解雇（予告）の撤回が必要とされた場合の対応や手続等、第4章ではトラブル解決後合意退職する際の必要な手続等、第5章では労働者が復職する際に必要な手続や実務上の留意点を解説しています。

　解雇後のいわばイレギュラーで繁雑な手続に適切に対処することは、コロナ禍による解雇事案の増加に対応していく上でも必要とされるものであり、本書はこれらの問題点を論ずることを通して、日頃企業の内外で労使間の実務に携わって苦労している人々の一助になることを目指すものです。

最後に、本書の刊行に当たり、担当編集者の増田雄介氏をはじめとした新日本法規出版株式会社の皆様のご尽力並びに当事務所職員星野綾子さんの助力に感謝する次第です。

　猛威をふるうコロナ禍が1日も早く収束することを願いつつ、2022年（令和4年）初春の仙台にて

　令和4年7月

弁護士　水谷　英夫

著 者 略 歴

水谷　英夫（みずたに　ひでお）

《略　歴》

弁護士

1973年東北大学法学部卒

1976年東北大学大学院法学研究科修士課程修了

1978年弁護士登録

仙台弁護士会所属

《主な著書》

・「コロナ危機でみえた　雇用の法律問題Ｑ＆Ａ－在宅勤務　賃金　休業　罹患　ハラスメント　安全配慮義務　労災　採用　退職金　解雇　雇止め－」（日本加除出版、2021年）

・「職場のいじめ・パワハラと法対策（第5版）」（民事法研究会、2020年）

・「予防・解決　職場のパワハラ　セクハラ　メンタルヘルス－パワハラ防止法とハラスメント防止義務／事業主における措置・対処法と職場復帰まで－（第4版）」（日本加除出版、2020年）

他多数

略　語　表

<法令等の表記>

　根拠となる法令等の略記例及び略語は次のとおりです（〔　〕は本文中の略語を示します。）。

　　労働基準法第14条第1項第1号＝労基14①一
　　平成28年8月17日厚生労働省告示第318号＝平28・8・17厚労告318
　　平成24年8月10日基発0810第2号＝平24・8・10基発0810第2

略語	正式名称	略語	正式名称
労基	労働基準法	雇保	雇用保険法
労基則	労働基準法施行規則	雇保則	雇用保険法施行規則
労契	労働契約法	障害雇用	障害者の雇用の促進等に関する法律
育児介護〔育介法〕	育児休業、介護休業等育児又は家族介護を行う労働者の福祉に関する法律	所税	所得税法
		所税令	所得税法施行令
会社	会社法	生活保護	生活保護法
旧商	旧商法	短時有期	短時間労働者及び有期雇用労働者の雇用管理の改善等に関する法律
憲	日本国憲法		
健保	健康保険法	地公	地方公務員法
厚年	厚生年金保険法	不正競争	不正競争防止法
雇均〔均等法〕	雇用の分野における男女の均等な機会及び待遇の確保等に関する法律	民	民法
		民執	民事執行法
		民訴	民事訴訟法
		労組	労働組合法
雇均則	雇用の分野における男女の均等な機会及び待遇の確保等に関する法律施行規則	労災	労働者災害補償保険法
		労働契約承継	会社分割に伴う労働契約の承継等に関する法律
国年	国民年金法		
国年則	国民年金法施行規則	労働施策推進	労働施策の総合的な推進並びに労働者の雇用の安定及び職業生活の充実等に関する法律
個人情報	個人情報の保護に関する法律		
国公	国家公務員法		

＜判例の表記＞

　根拠となる判例の略記例及び出典の略称は次のとおりです。

　最高裁判所大法廷昭和40年9月22日判決、最高裁判所民事判例集19
　巻6号1600頁＝最大判昭40・9・22民集19・6・1600

判時	判例時報	労経速	労働経済判例速報
判タ	判例タイムズ	労ジャ	労働判例ジャーナル
裁判集刑	最高裁判所裁判集刑事	労判	労働判例
訟月	訟務月報	労民	労働関係民事裁判例集
民集	最高裁判所民事判例集		

目　　次

第1章　はじめに

第2章　解雇予告の撤回

第3章　解雇の撤回・無効に伴う諸手続

第4章　解雇の撤回・無効後の合意退職

第1　手続上の留意点

第2　退職合意後の諸問題と留意点

第5章　解雇の撤回・無効後の復職

第1　手続上の留意点

第2　実施上の留意点

索　引

第 1 章

・・・・・・・・・・・・・・・・・・・・・・・

はじめに

2

【1】　近年の雇用状況と解雇をめぐる動向は

 コロナ禍で悪化した雇用状況や解雇をめぐる企業や法制度の動向はどのようなものでしょうか。

A 　新型コロナウイルス感染症の長期化による影響で、解雇・雇止め、退職募集、内定取消しなどの人員削減（＝リストラ）が拡大しており、それに伴い様々な法的問題が生じています。

解　説

1　新型コロナウイルス感染拡大と雇用状況

　コロナパンデミックは、雇用にも深刻な影響を与えており、厚労省の発表では、コロナ関連の解雇・雇止めは累計で約11万6,000人に達し（令和3年9月10日現在）、業種別では製造業が最も多く（2万7,000人）、次いで小売、飲食、宿泊業がそれぞれ1万3,000～5,000人前後となっており、その中でもパート・アルバイトを中心に非正規雇用の雇止めが約5万3,000人と半数を占めています。

　新型コロナウイルスの拡大は私達の社会生活に深刻な影響を与え、それに伴って経済活動が大幅に制限され、景気が悪くなるにつれて、各企業の業績が悪化すると倒産件数が増加することはもちろん、その前に労働者とりわけ契約社員などの非正規労働者が、契約の更新を拒絶されたり、契約期間中の解雇がなされ、派遣労働者は派遣契約の中途解除がなされており、また大企業を中心に正規労働者に対する希望退職募集・退職勧奨や整理解雇による人員削減（＝リストラ）や内定取消しなどがなされており、それぞれが後述するとおり深刻な法的問

題として登場することになります。とりわけその皺寄せは、アルバイト、パート、派遣労働者、契約社員などで働く若者や女性に集中しており、それに加えて休業や勤務時間の減少等による収入減が、働く人々の生活苦に追い打ちとなっているのです。

2 近年の雇用や雇止め等の背景

1980年代から始まったグローバリズム・新自由主義の時代は、世界的規模での企業間競争をもたらし、我が国を含む多くの国々の企業は、従来型の事業規模や労働者数を維持若しくは増強した上での企業組織再構築をする余裕はなく、いわゆる「選択と集中」というスローガンに示されるように、競争力の強化を図るためには必然的にコスト削減を行うことになっています。その結果、いわゆるリストラは人件費（賃金）削減に焦点を合わせたものとなり、大企業を中心に大規模な希望退職や整理解雇が日常化するとともに、他方では、パート、派遣労働者、契約社員等の非正規雇用の増加をもたらすことになっていきました（その結果、今日我が国での非正規労働者は労働者全体の約4割を占めるに至っています。）。

ところが、21世紀に入り平成20年に発生したリーマン・ショックにより、我が国では主に大企業製造業で派遣労働者を中心に大規模ないわゆる「派遣切り」に伴う大量失業が発生し、大きな社会問題となったことは周知のとおりです。

やがて2010年代に入り、人工知能（ＡＩ）やロボットなどＩＣＴ（情報通信技術）を駆使した企業間競争が一層激化しており、近年、ＩＣＴを利用してのいわゆるデジタル・トランスフォーメーション（ＤＸ）が叫ばれるようになり、例えば経済産業省の「デジタルトランスフォーメーションを推進するためのガイドライン（ＤＸ推進ガイドライン）」（平成30年）では、外部人材の活用、多様な働き方の許容、雇用の多様化が必要であるとして、オンデマンド・サービスによる多様な

ニーズにオンラインで素早く対応することを提唱しています。しかしながらオンライン化されるデジタル社会は、24時間稼働することが前提とされているものの、全てがＡＩやロボットなどにより、自動化されたり代替されるわけではなく、むしろそこで働く人々は昼夜の別なく仕事に携わることを余儀なくされています（例えば物流の中心となっている宅配便のドライバーは不足しており、これらの職場の有効求人倍率はコロナ禍以前の倍以上となっている反面、「人」を運ぶタクシードライバーは、退職勧奨や整理解雇の対象となっています。）。

　コロナ禍がこのように私達の社会の働き方を急速に変化させ（特にリモートワーク・在宅勤務の拡大、普及）、折りからの少子化などを背景とした人手不足や長時間・過剰労働に伴ってハラスメントや過労死自殺等の深刻な被害が増加し、退職を余儀なくされる労働者の増加や、職種・勤務地限定などいわゆるジョブ型雇用の広がりの中で、それに伴って私達の働き方も変容を余儀なくされており、雇用関係に新たな法的問題を提起しています。具体的には、能力不足や休職期間満了に伴う退職や解雇、事業縮小に伴う解雇、定年延長に伴う有期雇用労働者の雇止めや解雇無効などの金銭解決など、労働契約の解消に伴う様々な法的問題が生じることになり、本書ではそれを論じていくことになります。

アドバイス

　コロナ禍による労使共に厳しい雇用環境の中で、解雇・雇止めが増加しており、それをめぐってのトラブルが頻発していますが、使用者による安易な解雇・雇止めはかえって労使の不信感を強め、企業運営にマイナスとなりかねません。解雇や退職に関する労働基準法等に規定する法的ルールは、企業にとって遵守すべき最低限のルールであり、これらのルールを守ることが、不必要なトラブルを防止することでもあるのです。

【2】　退職勧奨・強要による退職が無効となる場合は

 Q　　どのような場合、退職勧奨による退職は無効となるのでしょうか。

A　　使用者が労働者に退職を勧奨することは原則として自由ですが、それが強要やハラスメントになることは許されず、違法とされます。

解　説

1　「退職勧奨（勧告）」と「退職」

　退職勧奨とは、いわゆる肩たたきや希望退職募集など、会社が労働者に退職を勧めることをいいますが、退職勧奨に応じて会社を辞めることは「退職」となるので、「解雇」の場合に必要な予告期間や予告手当の支払（労基20）は不要となり、さらに、離職の理由が解雇などの会社都合によるものか、自主退職などの自己都合によるものかによって、雇用保険の支給開始日や給付日数に差が生じます。

　退職勧奨（勧告）は、使用者が労働者に対して行う、自発的な退職意思形成の慫慂であり、使用者が労働者に退職を勧奨することは、それが文字どおりの勧奨である限り自由に行うことができ、通常は合意解約の申込みの誘引若しくは合意解約の申込みにすぎません。一般に使用者が労働者を特定することなく希望退職の一般的な募集を行うことは、使用者による合意解約申込みの誘引にとどまり、更に進んで労働者を特定して行う退職勧奨行為が、使用者による合意解約の申込みと解されています（ユニ・フレックス事件＝東京高判平11・8・17労判772・35、ダイフク事件＝大阪地判平12・9・8労判798・44など）。

　このように、退職勧奨とはあくまで「退職の勧め」ですから、それに応じるかどうかは労働者本人の意思に任され、辞めるつもりがなければ応じる必要はありません（鳥取県公立学校教員事件＝鳥取地判昭61・12・4労判486・53など）。

　会社側の言い方は、様々で、その真意があいまいなケースもよくあり、その場合には、「退職勧奨」（＝使用者が労働者に自主退職をお願いするもの）なのか、「解雇」（＝会社の都合で労働者を辞めさせるもの）なのか、その意味するところを確認する必要があります。また、労働者が使用者の退職勧奨に応じて「退職願（届）」を提出した場合、退職勧奨が合意解約の申込みと判断されれば、「退職届」はその承諾に当たり、合意解約は成立し以後の撤回は許されないことになります。

2　退職強要

　退職勧奨（勧告）が、社会通念上の限度を超えた場合、「退職強要」として無効とされ、さらに使用者の退職「勧奨」が、不法行為や債務不履行を構成する場合には、労働者は慰謝料のほか一定期間の賃金を逸失利益として請求し得ることになり、近年のいわゆるセクハラやパワハラにより退職を迫られるケースが典型例といえるでしょう（下関商業高校事件＝最判昭55・7・10労判345・20、京都セクハラ〔呉服販売会社〕事件＝京都地判平9・4・17労判716・49など）。

　使用者が労働者に退職を勧奨することは、それが文字どおりの「勧奨」にとどまる限り、合意解約の申込みの誘引若しくは合意解約の申込み、若しくは単なる事実行為にすぎません。しかしながら、実際には、退職勧奨の名の下に事実上の退職強要がなされることが多く、この場合には、それに応じてなされた退職の意思表示が取消し可能かどうか問題となるのは上述のとおりですが、さらに、使用者の退職「勧

奨」が不法行為となる可能性があり、違法な退職「勧奨」は、同時に
パワハラにも該当することになります。

　いかなる「勧奨」が違法になるかについて、代表判例は、「被勧奨者
の任意の意思形成を妨げる、あるいは名誉感情を害するごとき言動」
を挙げており、違法性の判断に当たっては、退職の意思表示が本来労
働者の自由な自己決定に委ねられるべきことと、従属的な地位にある
労働者にとって使用者の言動が極めて強い圧力になり得ることが考慮
されています（前掲下関商業高校事件。同旨裁判例として、全日本空輸事件＝
大阪地判平11・10・18労判772・9（大阪高判平13・3・14労判809・61）、日本航空
事件＝東京地判平23・10・31労判1041・20（東京高判平24・11・29労判1074・88）、
学校法人須磨学園ほか事件＝神戸地判平28・5・26労判1142・22など）。

　リストラの手段として、使用者が自らの権限を濫用する典型的なケ
ースが退職勧奨・強要であり、退職勧奨を拒否した労働者は配転・降
格など様々なハラスメントを受けることになり、例えば使用者が余剰
と判断した労働者を一室（いわゆる「追い出し部屋」）に集めて、単純
な労働をさせて退職を促すという行為が違法とされた裁判例（ベネッ
セコーポレーション事件＝東京地立川支判平24・8・29労ジャ14・1）などがあり
ます。

　さらに、退職勧奨による辞職や解約申込みが、実質的に「解雇」に
当たるとの判断がされた裁判例として、使用者が、残業手当を辞退す
るか退職するかを迫った結果、労働者が退職した事案につき解雇と判
断した裁判例（丸一商店事件＝大阪地判平10・10・30労判750・29）や、労働
者の些細なミスを理由として、退職届を提出させたケースで、論旨解
雇として判断して手続違反により無効とした裁判例（京電工事件＝仙台
地判平21・4・23労判988・53）などがあります。

アドバイス

　使用者が労働者に退職を勧奨することは、それが文字どおり「勧奨」
にとどまる限りは、労働契約の合意解約の申込み若しくは申込みの誘引
にすぎません。しかし、実際には退職勧奨の名の下に、事実上の退職「強
要」がなされることが多く、この場合はそれに応じてなされた退職の意
思表示が無効とされるだけでなく、退職「勧奨」そのものが「強要」若
しくは「パワハラ」にも該当し、不法行為とされることがあるので注意
が必要です。

参考判例

○理事長らが労働者に対して「自分で行き先を探してこい」「ラーメン屋で
　もしたらどうか」「管理職としても不適格である」などと発言して、労働
　者の名誉感情を不当に害する屈辱的な言辞を用いて繰り返し執拗に行っ
　たケースで、理事長と使用者の不法行為責任を肯定した事例（兵庫県商工
　会連合会事件＝神戸地姫路支判平24・10・29労判1066・28)
○使用者が労働者に対する大規模な希望退職募集に際して、再就職の特別
　支援プログラム（特別支援金の支給＋再就職支援会社の利用）を示して、
　退職強要にならないよう研修を受けた上司との面談で退職勧奨を行った
　ケースで、労働者の退職について、自由な意思決定を困難にする態様の
　ものであったことは認められないとして、退職勧奨の違法性を否定した
　事例（日本アイ・ビー・エム事件＝東京高判平24・10・31労経速2172・3)

【3】　解雇無効判決を受けた場合に生じる使用者のリスクは

　　労働者に対する解雇が裁判所で無効判決を受けた場合、使用者に生じるリスクはどのようなものがありますか。

　　使用者が労働者を解雇し無効判決を受けた場合のリスクとしては、労働者が復職を求めた場合と、復職を求めず金銭的補償を求める場合に備える必要があります。

解　説

1　解雇無効判決のリスク

　解雇は、「客観的に合理的な理由を欠き、社会通念上相当であると認められない場合は、その権利を濫用したものとして、無効」とされます（労契16）。解雇が無効の場合、労働者と使用者の関係は法的には解雇がなかったものとして扱われます。したがって、使用者が労働者を解雇し無効判決を受けた場合のリスクとしては、次に述べるとおり、2つの場合を考える必要があります。

　（1）　労働者が復職を求めた場合

　使用者はこれを拒むことはできず、解雇期間中の賃金を遡って支払う義務があり、また労働者に精神的な損害が生じて不法行為の要件を満たす場合は、慰謝料を支払う義務が生じることもあります。

　（2）　労働者が復職を求めず相当な金銭的補償を求める場合

　逸失利益として、違法な解雇がなければ当該企業で勤務を継続することで得られた賃金相当額の支払義務があり、また労働者に精神的な損害が生じて不法行為の要件を満たす場合には、慰謝料を支払う義務

が生じることもあり、更に差額退職金の支払が必要とされる場合もあります。

2　労働者が復職を求める場合

　前述したとおり、解雇が無効とされた場合、使用者は労働者から復職を請求され、使用者が労働者の就労を拒否している場合、労働契約上確実に支給されたであろう賃金と付加的給付の合計額を請求されることになります。

　この場合、使用者は労働者から解雇期間中の賃金を遡って請求されることになります。解雇期間中の労務不能は使用者（債権者）の責めに帰すべき事由によることから、危険負担に関する民法536条2項によって、使用者は反対給付（賃金支払）の履行を拒否できません。

　労働者が使用者に請求できる「賃金」の範囲については、第3章で詳述しますが、原則として基本給が対象とされ、実費補償的な諸手当や残業代は除外されます。また、賞与は就業規則等で支給基準が明確なものは認められるものの、使用者の査定が入る場合は認められない傾向にあります。

3　労働者が復職に代えて金銭解決を求める場合

（1）　逸失利益

　労働者が当該企業で勤務を継続することで得られたであろう賃金相当額であり、近年セクハラにより退職に追い込まれたケースなどで認められるようになっており、大半は1年以内の賃金相当額とされています。

（2）　慰謝料請求

　労働者に違法な解雇により精神的損害が発生し、不法行為の要件を満たす場合には、慰謝料請求が認められることがありますが、解雇が

違法・無効と判断されても、慰謝料請求を認容するほどの違法性がない（不法行為が成立しない）として、請求を認めない裁判例も少なくありません。

(3)　差額退職金

使用者が、当該労働者を解雇した場合、自己都合としての退職金支払がなされることが大半であり、したがって、解雇無効により退職する場合（特に和解による場合）、解決金として退職金差額（会社都合）の支払を求められることがあります。

【4】　解雇の金銭解決をめぐる動向は

 　解雇の金銭解決制度創設が議論されているようですが、どのようなことなのでしょうか。

A 　現在議論されている金銭解決制度は、解雇が無効である場合に、労働者が地位確認（及び賃金遡及払）とは別に、「労働契約解消金」（及び賃金遡及払）を請求する権利を認めるものであり、検討が進められているものの、制度化に際して様々な問題点から議論が難航しています。

　解　説

1　解雇訴訟の問題点

　解雇が無効とされ、地位確認請求を認容する判決が確定しても、現実に元の職場に復帰できる労働者は多くはありません。労働者の主張の法的正当性が認められても、使用者は容易に労働者を受け入れようとしませんし、労働者もまた復帰するには相当の覚悟が必要だからです。解雇訴訟が、訴訟継続中に裁判上若しくは裁判外の和解（多くは労働者の退職と一定の解決金の支払を内容とする）で終了することが多い原因もここにあります。解雇が労働審判で争われる場合も、多くは金銭解決で終了しています。

2　解雇の金銭解決制度

　解雇訴訟は、通常は地位確認請求と賃金遡及払請求の形をとりますが、現実にはこのように、解雇の不当性を裁判所に認めさせ、使用者に一定の金銭を支払わせる手段になっていると見ることもできます。

　そのことから、こうした実態を法的に追認し、解雇が無効である場合にも、労働者若しくは使用者の申出によって、使用者による一定の補償と引換えに労働関係の解消を認めるという制度の創設が、2000年代初めから度々主張されてきました。

　しかしながら、使用者側の申出を可能とする制度への批判が強いことを考慮して、近年では、金銭解決制度は、解雇が無効である場合に、労働者が地位確認（及び賃金遡及払）とは別に、「労働契約解消金」（及び賃金遡及払）を請求する権利を認める形に整理され、その法技術的検討が進められているものの、制度化するのは請求権か形成権か、解消金の法的性質、バックペイとの関係、解消金の基準（ないし上限・下限）いかん等について議論が難航しているようです。

3　問題点

　確かに前述の金銭解決制度は、一見すると解雇に直面した労働者の選択肢を増やし、労働者にメリットのみもたらすかのように見えますが、解雇を専ら金銭の問題と捉える風潮を強め、使用者の解雇を促進する機能を営むことが予想されます。それはまた、使用者の申出も可能とする制度への突破口となる可能性もあります。

　そもそも、労働者が望む場合の解雇の金銭解決は、我が国では既に、労働局におけるあっせん、労働審判における調停・審判、民事訴訟における和解等によって可能であり、実際上も大部分の解雇訴訟はこれらにおいて金銭解決されています。したがって、解雇の金銭解決に現行法にはない意義を持たせるには、金銭解決の基準を提示した制度とする以外にはありませんが（そうでない限り、屋上屋を重ねる制度として、ほとんど利用されないでしょう。）、金銭解決基準は実際上機能し得るものを考案できるか疑問です。また、仮にできた場合には、大部分の解雇紛争を解決している他の制度全般に対して解決相場として

大きな影響を与えかねませんし、労働審判や民事訴訟において、解雇の有効・無効の心証を中心に、個別事案に即し当事者の納得を重視して行われている金銭解決の実務を、阻害しかねません。

　法政策としては、解雇からの救済は地位確認と賃金遡及払を中心とする現行法制を維持した上で、就労請求権の承認などによって、労働者が原職復帰しやすい条件を整備するのがあるべき方向だと思われます。

アドバイス

　解雇の金銭解決制度は、解雇に直面した労働者の選択肢を増やすというメリットが考えられますが、他方では解雇からの救済が、地位確認と賃金遡及払を柱とする現行制度に屋上屋を重ねて、手続を煩雑なものにするというデメリットがあり、何よりも解雇そのものが労働者の生活を侵害するものであるという現実を軽視することにつながる可能性があります。法対策として論じるのであれば、現行の解雇訴訟手続を維持しつつ、就労請求権の承認などをして、労働者が職場復帰しやすい環境を整えていくべきと思われます。

【5】　懲戒解雇から普通解雇への転換は

Q　　使用者は懲戒解雇の意思表示を行いましたが、①裁判途中で懲戒解雇の無効判決に備えて、予備的に普通解雇の意思表示を行うことは許されるのでしょうか。②懲戒事由を追加することは可能でしょうか。

A　　使用者は同一の企業秩序違反行為について、懲戒解雇の意思表示とともに、予備的に普通解雇の意思表示をすることもあります。この場合、懲戒解雇としての効力を審査し、これが否定された場合には、予備的主張としての普通解雇の効力について判断することになります。懲戒処分時に使用者が認識していなかった事由は原則として追加できません。

解　説

1　普通解雇と懲戒解雇

　日本においては、労働者の行為・態度を理由とする解雇は、普通解雇と懲戒解雇の2種類に分かれます。契約法上当然に予定される解約（＝普通解雇）と、職場規律違反に対する制裁のうち最も重い処分としての懲戒解雇は、本来異質なものですが、現実には普通解雇は懲戒解雇よりも一段階軽い制裁と位置付けられる場合が多いです。両者は、その共通性と異質性の両面において捉えられるべきです。

　まず、労働者の非違行為が就業規則所定の懲戒解雇事由に該当する場合に、使用者がその裁量により普通解雇をなすことは可能と解されます（トーコロ事件＝東京地判平6・10・25労判662・43）。また、就業規則が存在しないために懲戒をなし得ないのに懲戒解雇がなされた場合に

は、普通解雇の意思表示として判断することになります（ジップベイツ事件＝名古屋地豊橋支判平16・1・23労判886・46）。

　次に労働者は退職の自由を持つので、客観的に解雇や懲戒解雇事由が存在する場合でも、任意退職は可能であり、退職の意思表示から2週間経過して退職の効果が発生した場合（民627①）には、その後になされた普通解雇や懲戒解雇は無効とされ、労働者は任意退職に基づく退職金を請求し得ることになります（エスエイピー・ジャパン事件＝東京地判平14・9・3労判839・32）。

　この場合、労働者による退職金請求を信義則違反若しくは権利濫用とする裁判例がありますが（日本コンベンションサービス事件＝大阪地判平8・12・25労判711・30、アイビ・プロテック事件＝東京地判平12・12・18労判803・74、ピアス事件＝大阪地判平21・3・30労判987・60など）、退職金請求権が既に発生している場合には、こうした法律構成には無理があり、使用者は、労働者の非違行為によって損害を被った場合には、別途、労働者に対して損害賠償を請求するほかないでしょう。

2　懲戒解雇が無効とされる場合

　使用者は同一の企業秩序違反行為について、普通解雇事由にも該当するとして、懲戒解雇の意思表示とともに、予備的に普通解雇の意思表示をすることもあり、この場合、裁判所は、懲戒解雇としての効力を審査し、これが否定された場合には、予備的主張としての普通解雇の効力について判断することになります。

　これに対して、使用者が普通解雇の予備的な意思表示をしていない事案で、裁判所が、懲戒解雇としては無効であるが、普通解雇としては有効であると判断することができるかが（いわゆる「無効行為の転換」）、解釈上問題となります。使用者が「普通解雇の意思表示も包含していたので、仮に懲戒解雇が無効であっても普通解雇として有効で

ある」と主張をする場合であり、紛争の一回的解決の要請からすれば、これを肯定することも考えられ、それを認める裁判例もあります（日本経済新聞社事件＝東京地判昭45・6・23労経速715・7）。しかし、このような転換を認めると、相手方（労働者）の地位を著しく不安定にして懲戒権の濫用を招くことや、懲戒解雇と普通解雇とでは根拠・要件・効果が異なることなどから、使用者による懲戒解雇の意思表示に普通解雇の意思表示が含まれていない限り、これを認めないのが大多数の裁判例です（三井鉱山事件＝福岡高判昭47・3・30判時669・99、理研精機事件＝東京高判昭54・8・29労判326・26、所沢中央自動車教習所事件＝さいたま地川越支判平15・6・30労判859・21、日本通信〔懲戒解雇〕事件＝東京地判平24・11・30労判1069・36など）。

3　懲戒事由の追加

　懲戒処分は、労働者の具体的な非違行為に対して行われる制裁であり、処分の適法性はその理由とされた非違行為との関連で判断されるべきものです。したがって、懲戒処分の当時、使用者が認識していなかった非違行為は、当該懲戒処分の有効性を根拠付けるものではなく、使用者が裁判において新たな事実を追加主張することはできません（山口観光事件（最判平8・9・26労判708・31）は、無断欠勤等を理由として懲戒解雇がなされたところ、後に年齢詐称の事実が明らかとなり、使用者がそれを追加して主張したというものですが、判決は懲戒解雇を無効とし、ただし、使用者がその後行った解雇は有効とされ、その時点までの賃金請求を認容しました。）。これに対して、使用者が懲戒処分時に認識していたが処分の根拠として表示していなかった事実は、労働者がそのことを知っていたという「特段の事情」があれば、裁判において追加主張することができるとされています（炭研精工事件＝東京高判平3・2・20労判592・77、最判平3・9・19労判615・16、社会福祉法人大阪府衛生会事件＝大阪地決平8・3・29労判697・63）。

アドバイス

　使用者は、懲戒解雇を行う場合、懲戒事由や手続に不備がある場合には、予備的に普通解雇の意思表示を行う必要があり、それを怠った場合には無効とされることになります。また、懲戒事由は原則として処分時のものに限定されます。

参考判例

○証券会社の社員が、顧客情報を部外者に漏えいしたとして懲戒解雇処分を受け、裁判になって会社側は普通解雇の意思表示も内包されているとし、仮に懲戒解雇が無効でも普通解雇により雇用契約は終了していると主張したケースで、判決は、「懲戒解雇は、就業規則上企業秩序違反に対する制裁罰として規定されており、普通解雇とは制度上区別されているのであるから、当然に本件懲戒解雇の意思表示に普通解雇の意思表示が予備的に包含されているということはできないし、また、本件懲戒解雇に係る辞令書にも、「懲戒規定に基づき懲戒解雇に処す」との記載がある一方、予備的にも普通解雇の意思表示をする旨の記載は認められないのであるから、本件懲戒解雇の意思表示に普通解雇の意思表示が内包されているものとは認められない」とした事例（野村證券事件＝東京高判平29・3・9労判1160・28）

【6】　自然退職（解雇）の有効性は

Q　無断欠勤して行方不明の労働者を、会社規定「2週間以上欠勤して連絡が取れないときは退職とする」に従って退職扱いとしていたところ、その後当該労働者は海外旅行中に病気になり、帰国できなかったとして復職を希望していますが、どうしたらよいでしょうか。

A　あらかじめ就業規則等で「無断欠勤は退職とする」と規定している場合、実質的には労働者の非違行為等を理由とした解雇と同様、解雇権濫用法理が（類推）適用されることになり、解雇の合理性・相当性が問題となります（労契16）。

解　説

1　自然退職

　雇用契約の終了事由には、労使双方の意思による合意解約、辞（退）職、解雇、雇止めなどの場合と、労使の意思によらない「自然退職」の場合があります。後者の自然退職は、一定の終了事由が発生した場合、自然（自動的）に雇用関係が終了するというものであり、有期契約、定年、休職期間満了、労働者の死亡などがあります。

　労働者が死亡した場合には、契約の当事者が消滅し、労働契約は当然に終了しますし、有期雇用契約の場合は契約期間が満了した場合、当該契約は原則として当然に終了することになります。

　また、就業規則等に定年制が規定されている場合は、労働者が一定の年齢（＝契約終了事由）に達した場合に、当然に契約関係が終了することになります。もっとも、定年制の定め方には2つのタイプがあ

り、「定年退職の年齢は65歳とする」と規定されていれば、65回目の誕生日の前日の経過とともに自動的に労働契約は終了することになりますが、もう1つのタイプで「65歳に達した場合には解雇することができる」と規定されている場合には、解雇規定の適用を受け（労契16）、自然退職とはなりません。さらに就業規則等で私傷病休職期間が満了した場合「退職とする」との規定がなされていても、一般に休職は解雇猶予と理解されていることから、休職期間が満了しても自然退職とはされず、解雇の適否が問題とされることになります。

2　無断欠勤

　長期にわたって無断欠勤して連絡が取れなくなっている労働者について、就業規則等で「2週間以上欠勤して連絡が取れないときは、退職とする」と規定している場合はどのようになるでしょうか。

　この場合、「2週間以上の無断欠勤」という労働者の行為を理由として、使用者が雇用契約を解除するものであり、実質的には労働者の非違行為等を理由とした解雇と同様のものであり、前述した自然退職の場合のように「一定の事由」により当然に雇用関係を終了させるものとは異なるものです。したがって、本件の退職事由は、解雇できない場合の補充的手段として解雇権濫用法理が（類推）適用されることになり、権利濫用あるいは信義則が問題とされることになります。

　ちなみに連続する無断欠勤を理由とする解雇については、労働基準法20条1項ただし書の、解雇予告手当が不要とされる場合に関する通達が参考になり、通達は、同条項の「労働者の責に帰すべき事由」について、「原則として2週間以上正当な理由なく無断欠勤し、出勤の督促に応じない場合」を挙げています（昭23・11・11基発1637、昭31・3・1基発111）。このような場合には、原則的には即時解雇も有効とされると考えられますから、2週間の連続無断欠勤があり出勤の督促に応じないことが、「退職」の一応の目安といえるでしょう。

3　辞職の黙示の意思表示

　では労働者が会社に出勤してこないことをもって、辞職の黙示の意思表示とすることは可能でしょうか。

　この点について裁判例は否定的であり、例えば日本教育事業団事件（名古屋地判昭63・3・4労判527・45）は、「労働者が任意退職するにあたっては、必ずしも退職届の提出等明示の退職の意思表示を必要とするものではなく、退職の意思をもって職務を完全に放棄し相当期間継続して出社しなくなるなど退職の意思が客観的に明らかになるような事実によって、退職の黙示の意思表示の認定をすることは妨げられないというべきであるが、その認定にあたっては労働者の地位を不安定ならしめることのないよう慎重さが要求されるものというべく、主観的に退職の意思を固めたとか、あるいは雇用主の利益に反する行為をしたというだけで、黙示の退職の意思表示があったとはいえない」旨の判断を示しています。

4　基準の明確化

　したがって、一定の期間にわたり欠勤が続き、労働者の所在が分からない場合には、あらかじめ自然退職となるように規定しておく必要があり、例えば会社に連絡がなく、30日を経過しても会社も所在を知らないときには（あるいは民法所定の2週間など）、自然退職したものとみなすとする規定などが考えられ、この場合は解雇事由の合理性と相当性が問題とされることになります（労契16）。

　（1）　合理的な理由

　まず形式的なものとして、届出の有無が問題となり、文字どおりの「無届欠勤」に限るのか、「届出はあるが正当な理由のない欠勤」を含むのかという点を就業規則上明確に定めておくべきです。次に実質的に労働者の帰責性が問題となり、例えば紫苑タクシー事件（福岡高判昭

50・5・12労判230・54）では、何日以上の無届欠勤という要件のみではなく、使用者の責めに帰さない理由による欠勤か否か、労働者があえて行った企業秩序を乱す行為であるか否かの判断が必要としています。

（2）　相当性

日数のみで判断することなく、様々な事情を考慮して、欠勤の回数・期間・程度、正当な理由の有無、業務への支障の有無・程度、使用者からの注意・指導・教育の状況、使用者側の管理体制、本人の改善の見込み、反省の度合い、本人の過去の非行歴、勤務成績、先例の存否、同種事例に対する処分との均衡などの事情を総合的に考慮して、解雇の有効性を判断しています。

例えば入社して1年余りの間に、具体的理由を明らかにしない欠勤日数が約70日に及んだトラック運転手につき、使用者が再三注意・警告したのに改善しなかったために行った解雇は有効と判断されています（東新トレーラーエキスプレス事件＝東京地判平4・8・25労判616・92）。

（3）　メンタル不全の場合

メンタルヘルス上の問題による欠勤が疑われる場合には、別途注意を要します。判例として労働者Xが、被害妄想など何らかの精神的不調から、約3年間にわたり職場の同僚らの嫌がらせを受けているとして、会社に調査を依頼したものの納得できる結果が得られなかったことから、約40日間にわたり欠勤を続けたところ、会社はXの欠勤は正当な理由のない無断欠勤であるとして諭旨退職処分に処したケースで、判決は本件のように精神的不調のために欠勤を続けていると認められる労働者に対しては、精神的不調が解消されない限り引き続き出勤しないことが予想されるのであるから、使用者としては精神科医による健康診断を実施するなどして、必要な場合は治療を勧めた上で休職等の処分を検討し、その後の経過を見るなどの対応をとるべきであ

ったとして、諭旨退職の懲戒処分を無効とした日本ヒューレット・パッカード事件（最判平24・4・27労判1055・5）があります。

アドバイス

　無断欠席が長期化（例えば2週間以上）した場合、就業規則で（懲戒）解雇事由に該当するとされる場合、解雇について公示送達等の煩雑な手続が必要なことから、自然退職として取り扱うことが一般的ですが、この場合も、自然退職事由の存否について明確にしておく必要があります。

参考判例

○編集記者から福利厚生部に配転された記者が長期間連続して欠勤し、度重なる職場復帰命令にも従わなかったことからなされた懲戒解雇は有効とした事例（日経ビーピー事件＝東京地判平14・4・22労判830・52）

【7】　退職届の撤回・変更は

Q　労働者から退職届（願）が提出されましたが、①後日思い直して撤回すると言ってきましたが、どうしたらよいでしょうか。②会社は不正行為の有無や業務引継ぎのため、労働者が申し出た退職予定日を変更できるでしょうか。

A　労働者が行う退職届の撤回や退職予定日の変更、若しくは使用者が行う退職予定日の変更要求の可否は場合によります。

解　説

1　退職届の種類と法的性質

　労働者が、使用者に提出する退職届（辞表、退職届、退職願等いろいろな表題のものがあります。）には、次に述べるとおり、①労働者からする労働契約の一方的解約の意思表示、②労働者と使用者の合意により労働契約を終了させる合意解約の意思表示があり、②の場合、更に⑦労働者からの合意解約の申込みと、④使用者による合意解約の申込みに対する承諾の3通りがあり得ますので、順に検討していきます（本件では原則として期間の定めのない契約の場合について述べます。）。

2　退職届の撤回・変更（退職予定日の変更）

　（1）　退職届が辞職通知に当たる場合

　退職届が辞職の意思表示に当たる場合は、労働者からする一方的解約の通知（＝形成権の行使）であり、使用者への到達により効力を生じるので、使用者の同意がない限り、撤回・変更はできません。

　これに対して裁判例は、熟慮を経ない退職の意思表示が多いという実態を考慮して、労働者が確定的に退職の意思を固めていると見られる場合を除いて、できるだけ合意解約の申込みと解釈して、撤回の可能性を認めようとしています（大隈鉄工所事件＝名古屋高判昭56・11・30判時1045・130など）（株式会社大通事件（大阪地判平10・7・17労判750・79）は、こうした観点から「会社を辞めたるわ」という労働者の発言さえ、合意解約の申込みと解釈しています。）。

(2)　退職届が合意解約の申込みに当たる場合

　退職届が労働者の合意解約の申込みに当たる場合でも、裁判例は使用者が承諾する前であれば、信義に反する等特段の事情がない限り、撤回することを可能としており、例えば「雇用契約の合意解約の申入れは、（中略）使用者が承諾の意思表示をし、雇用契約終了の効果が発生するまでは、使用者に不測の損害を与える等信義に反すると認められるような特段の事情がない限り、被用者は自由にこれを撤回することができる」としています（前掲大隈鉄工所事件）。退職予定日の変更も同様に可能です。

(3)　退職届が合意解約の承諾に当たる場合

　使用者が合意解約の申込みをし、これに対して、労働者が退職届提出により承諾の意思表示をした場合は、その時点で合意解約が成立し、使用者の同意がない限り、退職届の撤回はできないことになります。退職予定日の変更も、同様に使用者の同意がなければできませんが、数日程度の変更であれば、当事者の意思解釈としては合意解約の範囲内として、使用者の許諾がなくても認められるといえるでしょう。

　なお、労働者が退職届を撤回したにもかかわらず、使用者から退職金が振り込まれたような場合には、労働者においてこれを預かり保管し、以降発生する賃金の一部として受領する旨の意思表示をしておくべきであり、これを怠ると、労働者においても合意解約の成立を認めた（黙示の合意）として、後に裁判等で争うことが困難になるでしょう。

3　退職予定日の変更要請

使用者が行う退職予定日の変更要請は次のようになります。

(1)　退職届が辞職通知に当たる場合

労働者の退職は、2に記載のとおり、使用者への退職届到達により効力を生じ、民法、就業規則あるいは（個別の）雇用契約書の定める予告期間（例えば就業規則に1か月の予告が必要との定め）を遵守する限り、退職予定日を自由に設定でき、仮に労働者が就業規則等に従わずに、2週間後に退職する旨意思表示しても、民法所定の2週間経過により退職の効果が発生します。したがって、使用者（人事権者）は、労働者からの退職届を一旦受理した場合、上述の予告期間経過により労働者は退職となり雇用契約関係は終了しますので、労働者の同意がない限り、不正行為の調査や業務引継ぎを理由として退職予定日の変更を行うことができません。

(2)　退職届が合意解約の申込みの場合

労働者の退職届が合意解約の申込みに当たる場合、使用者は自由に承諾の有無を決することができ、したがって、使用者からの退職予定日の変更提案は、実質的に新たな合意解約の申込みとなります。

(3)　退職届が合意解約の承諾に当たる場合

使用者は合意解約の申入れをし、これに対して労働者が承諾の意思表示をした場合には、退職予定日とする合意解約は成立しており、労使の合意により新たに退職予定日を設定しない限り、もはや労使双方共に合意解約を解除する余地はありません。

　　　　　　　　　　　　　　アドバイス

　退職届は、労働者からする一方的解約の通知（＝形成権の行使）であり、使用者への到達により効力を生じるので、本来使用者の同意がない限り、撤回・変更はできないものですが、使用者のイニシアティブの下

に退職勧奨などが行われた場合、熟慮を経ない退職の意思表示が多いという実態を考慮して、裁判例は、労働者が確定的に退職の意思を固めていると見られる場合を除いて、できるだけ合意解約の申込みと解釈して、撤回の可能性を認めようとしています。

　もっとも、労働者が退職届を一旦撤回したにもかかわらず、使用者から退職金が振り込まれたような場合には、労働者は返還又は供託するか、預かり保管し、以降発生する賃金の一部として受領する旨の意思表示をしておくべきであり、これを怠ると、労働者においても合意解約の成立を認めた（黙示の合意）として、後に裁判等で争うことが困難になるでしょう。

　また、労働者が退職に際して行う業務引継義務は、就業規則にあらかじめ規定しておくべきであり、それがない場合、使用者は退職予定労働者に改めて個別に業務命令をする必要があるでしょう。

参考判例

○会社による特別優遇措置による退職者募集に応じて退職申出書を提出した労働者が、労働者の申出を会社が承諾し合意解約される前に、退職の意思表示を撤回したと主張し、雇用契約上の地位確認等を申し立てたケースで、決定は「退職応募者は『特別優遇措置による退職申出書』に①必要事項を記入し、②希望する再就職支援制度に丸印をし捺印をした後に、その申出書を所属長に提出する旨記載され、また、本件退職申出書には、『退職日・最終就業日に関しては、所属長と業務引継ぎ等の話し合いを行った上で、最終決定することを了解します。』」旨記載されていることから、「『合意書』が作成されるまでは、退職の受付は完了せず、抗告人（労働者）と相手方（会社）との間の退職の合意は、成立しないものと解するのが相当である。そうすると、上記のとおり、抗告人は、『合意書』を作成する前に、本件退職申出を撤回しているから、抗告人と相手方との間の退職の合意（労働契約解約の合意）は成立していない」旨判示した事例（ピー・アンド・ジー明石工場事件＝大阪高決平16・3・30労判872・24）

第 2 章

解雇予告の撤回

30

【8】　解雇予告を撤回する場合は

 　一旦行った解雇予告を撤回することはできるのでしょうか。

 　解雇の予告は、使用者が一方的になす解雇の意思表示であって、予告を一方的に撤回すると、通知を受けた労働者の法律上の地位が極めて不安定な状態に置かれることから、労働者の同意がない限り、これを撤回することはできないことになります。

解　説

1　解雇予告の方法

　解雇予告の制度は、使用者の解雇の意思を事前に労働者に明示させて労働者に準備させる趣旨であり、したがって、また解雇の日が特定されることを必要とするもので、使用者が業務量の不確定な減少に備えて解雇する時期も確定しないままで労働者に解雇の予告をし、予告期間が満了しても引き続き使用するというように漫然と解雇の予告が反復更新されている場合には、労働者としては事実上いつ解雇されるか予測できず、労働基準法20条の解雇予告の趣旨が達せられないこととなりますから、このような予告がなされているだけでは労働契約は終了しないものと解されます。

　例えば、「がんばってもらわないと、このままでは30日後に解雇する」との労働者への通告は、解雇の可能性を示すにすぎず、確定的な解雇の意思を予告したものとはいえないため、この通告によって解雇予告の効果は発生しないとした、全国資格研修センター事件（大阪地判平7・

1・27労判680・86）があります。

　また、30日以上経ったらというような不確定な期限を付した予告や、売上げが一定額に満たない場合には契約を解除するなどの条件付きの予告は、解雇予告には当たりません（クラブ「イシカワ」事件＝大阪地判平17・8・26労判903・83）。

2　解雇予告の効果

　労働者が解雇予告の撤回に同意しない場合は、予告期間満了とともに、解雇の効力が生じて労働契約は終了することになります。この場合、当該労働契約の終了は任意退職によるものではなく、使用者による解雇であることに変わりはなく、したがって、労働者は解雇の効力を争うことができ、例えば労働者が出勤を拒否して退職したなどとする使用者の主張は認められないことになります。

3　解雇予告撤回の禁止

　使用者が解雇予告をしておきながら、仕事の完成の遅れなどを理由に撤回することがありますが、このようなことは許されるのでしょうか。

　解雇の予告は、使用者がする労働契約解除の意思表示であり、これを一方的に撤回することはできません（民540②）。解雇予告の撤回ができないのは、使用者の単独行為である予告を一方的に撤回し得るとすると、通知を受けた労働者の法律上の地位が極めて不安定な状態に置かれることから許されないものとされ、したがって、このような状態をもたらさない撤回、言い換えれば労働者の同意を得て撤回することは差し支えないと解されています。

　解釈例規も、予告の取消しにつき、「使用者の行った解雇予告の意思表示は、一般的には取り消すことを得ないが、労働者が具体的事情の

下に自由な判断によって同意を与えた場合には、取り消すことができるものと解すべきである。解雇予告の意思表示の取消しに対して、労働者の同意がない場合は、自己退職の問題は生じない。」としています（昭25・9・21基収2824、昭33・2・13基発90）。

4　解雇予告撤回の効果

　使用者による解雇予告の意思表示は、労働者の同意を得て撤回される場合、当該意思表示は遡及的に無効とされることになります（民121）（取消しと同様の効果が発生）。この場合、労使双方の契約関係は撤回以前の状態に復することになり（民121の2）、この場合の法的処理については、【11】～【13】で詳述します。

アドバイス

　解雇の予告は、使用者が一方的になす解雇の意思表示（＝形成権）であって、予告を一方的に撤回すると、通知を受けた労働者の法律上の地位が極めて不安定な状態に置かれることから、一度解雇の予告をした以上は、労働者の同意がない限り、これを変更したりすることはできないので注意が必要です（民540②参照）。

【9】　解雇予告を撤回した場合の使用者の義務は

 労働者の同意がないまま、使用者が解雇予告を撤回した場合、使用者にはどのような義務が発生しますか。

使用者の解雇予告の撤回は、労働者の同意がない限り効力を生じることがなく、使用者は、原則として少なくとも30日前にその予告をするか、30日分以上の平均賃金（解雇予告手当）の支払義務を負います。

解　説

1　予告期間と予告手当義務

　使用者の解雇予告の撤回は、労働者の同意がない限り効力を生じることがなく、予告期間満了により解雇の意思表示が発効することになります（【8】参照）。

　使用者が労働者を解雇しようとする場合、民法上の原則からは予告期間は2週間でよいことになりますが（民627）、労働基準法は労働者の突然の解雇による生活上の打撃を緩和し、再就職準備のための経済的・精神的余裕を付与する目的で、使用者に対して、原則として少なくとも30日前にその予告をするか（予告期間）、30日分以上の平均賃金（予告手当）を支払う、又は予告期間と予告手当の合計日数を30日以上とする（例えば予告期間10日と20日分の予告手当）、のいずれかの措置をとることを義務付け、違反した場合には6か月以下の懲役又は30万円以下の罰金を処すことにしています（労基20①・119）。

　この場合の平均賃金は、算定しなければならない事由の発生した日以前3か月間に、その労働者に対し支払われた賃金の総額（ただし、臨

時に支払われた賃金及び3か月を超える期間ごとに支払われる賃金等
は算入しません。）を、その期間の総日数で除した金額をいい（労基12
①本文・④）、予告日数については、平均賃金1日分を支払った日数だけ
短縮できます（労基12②）。

　予告手当の支払時期は、解雇の効力が発生する日であり（即時解雇
の場合は、解雇の意思表示をした日）、それ以降（例えば翌月の賃金支
払日など）の支払は違法となります。

　この労働基準法の規定は、民法の規定（民627）に対して特別法の関
係に立ち（民法の適用を排除します。）、したがって、例えば30日分の
予告手当が支払われた場合、民法627条で規定する2週間の予告期間は
不要とされることになります（なお、この「30日」は、民法140条の初
日不算入の原則に従い、予告した日の翌日から起算されるとする、日
本炭業事件（福岡地決昭29・12・28労経速240・7）など）。

2　解雇予告義務の除外事由

　天災事変その他やむを得ない事由のために事業の継続が不可能とな
った場合、又は労働者の責めに帰すべき事由に基づいて解雇する場合
には、解雇予告又は予告手当の支払は要しませんが（労基20①ただし書）、
その場合は行政官庁（労働基準監督署長）の認定（「除外認定」といい
ます。）を受けなければなりません（労基20③）。

　解雇予告の除外事由は、使用者に対し予告期間を置かせるのが酷で
あるかどうかという観点から判断され、したがって、「労働者の責に帰
すべき事由」も、当該労働者が、予告期間を置かずに即時に解雇され
てもやむを得ないと認められるほどに重大な服務規律違反又は背信行
為を意味するものとされています（昭23・11・11基発1637、昭31・3・1基発
111）。したがって、実務上懲戒解雇が有効でも解雇予告は必要とされ
る場合があり、反対に懲戒解雇事由に該当しなくとも、除外事由に該

当する場合もあることになります（除外認定がなくとも、客観的に除外事由が存在していれば解雇が有効とした、日本通信社福岡支局長事件＝最決昭29・9・28裁判集刑98・847、上野労基署長〔出雲商会〕事件＝東京高判平14・7・30訟月49・11・3176など）。

3　有期契約の更新・雇止め

　有期契約の更新・雇止めに関しては、紛争の未然防止の観点から、労働基準法14条2項・3項に基づく「有期労働契約の締結、更新及び雇止めに関する基準」（平15・10・22厚労告357）で、契約を3回以上更新（平20・1・23厚労告12改正により追加）、又は雇入日から起算して1年を超えて継続勤務している者との間の雇止めに際しては、30日前の予告をすべきとしています。

アドバイス

　使用者は、一旦解雇予告の意思表示をした以上、相手方（＝労働者）の同意がない限り撤回（＝取消し）は許されず、解雇予告期間若しくは予告手当支払の措置を講ずる義務が生じます。

【10】　解雇予告撤回後に労働者から慰謝料を請求された場合は

Ｑ　　使用者が解雇予告を撤回したにもかかわらず、労働者がそれに同意せず、予告期間終了後に解雇を違法として慰謝料を請求してきた場合はどうなるのでしょうか。

Ａ　　解雇予告期間の満了とともに労働契約は使用者による解雇により終了することになり、これに対して労働者は解雇の効力を争うことになり、解雇無効、賃金請求に加えて不法行為の要件を満たしている限り慰謝料請求をすることが可能となります。

解　説

1　解雇予告と不法行為

　解雇予告の撤回は、労働者の同意がない限り効力を有することはなく、予告期間の満了とともに労働契約は終了することになりますが、この場合、当該労働契約の終了は任意退職によるものではなく、使用者による解雇であることに変わりはありません（【8】参照）。したがって、労働者は解雇の効力を争うことができ、具体的には解雇の無効確認、賃金請求とともに、不法行為として損害賠償請求することも可能とされています（民709）。

　解雇が権利濫用に該当して無効となる場合（労契16）、同時に労働者の就労に係る権利・利益を侵害するものとして不法行為法上の違法性を備えることになりますが、使用者が当然に不法行為責任を負うわけではなく、解雇が無効とされ賃金請求権が肯定された上に不法行為と

して損害賠償を認められるためには、労働者にとって賃金支払によっても補填されない精神的損害などが発生していることが必要とされています。

　具体的には、解雇が使用者の悪質な目的・意図や不相当な態様で行われ、労働者が賃金不支給という経済的な損失のみならず、精神的な損害も被ったといえるような場合などであり、例えば解雇の理由が全くなかったり、解雇に至る決定・通知に著しい不備があったり、労働組合員であることを理由とする解雇（不当労働行為）、内部告発や残業代請求などに対する報復、セクシュアル・ハラスメント、パワー・ハラスメントなどに抗議したことに伴う解雇や退職強要などの場合、慰謝料請求が認められることが多く、これらの場合には、会社のみならず役員なども責任を問われることがあります（代表取締役の任務懈怠によって、会社解散と労働者の解雇に至ったケースにつき、悪意若しくは重過失による取締役の責任（旧商266の3、会社429①）に基づき、被解雇労働者1人当たり100万円の慰謝料請求が認容された、ＪＴ乳業事件（名古屋高金沢支判平17・5・18労判905・52）など）。

2　解雇予告と慰謝料請求

　解雇予告が権利濫用として無効とされ、地位確認、賃金支払のみならず、慰謝料請求も認められた裁判例としては、医療法人職員が就職直後に賃金減額をされた上に、タイムカードを撤去されて解雇予告（1か月後解雇）通知されたケースで、判決は解雇無効として賃金請求を認めた上で、慰謝料請求につき「被告（＝会社）は解雇予告を行うに際して、何ら解雇理由についての説明をせず、その後においても業務命令違反と称して基本給の半分に当たる金員を一方的に給与から控除するなどの嫌がらせを行うなどしたものであって、このような原告の雇用契約上の権利を不当に奪い精神的苦痛を与えたものとして、不法

行為法上も違法性を有し、被告は原告に対して慰謝料の支払義務を負うというべきである」として慰謝料30万円を使用者に命じています（医療法人大生会事件＝大阪地判平22・7・15労判1014・35）。

　同様に使用者が退職金規程を改訂したことに不満を持つ労働者が外部機関に相談したことを快く思わず、当該労働者が妊娠中であることを知りつつ整理解雇を強行した（解雇予告）ケースで、解雇無効（地位確認）、賃金支払に加えて慰謝料100万円が認められた、東京自転車健康保険組合事件（東京地判平18・11・29労判935・35）などがあります。

　反対に、飲酒癖のため取引先から苦情が寄せられていたにもかかわらず、態度を改める見込みを喪失していたとして幹部労働者に行った解雇予告のケースにつき、懲戒処分などの解雇以外の方法を採ることなくなされたとしても、著しく相当性を欠く不法行為には当たらないとした、小野リース事件（最判平22・5・25労判1018・5）があります（同旨：ストロングスリッパ工業事件＝東京地判平5・2・19労判623・21など）。

アドバイス

　使用者は、解雇予告の際、解雇に何らの理由がなかったり、解雇に至る認定に著しい不備があったり、内部告発やハラスメント被害の訴えに対して報復など不当な意図がある場合には、慰謝料請求が認められることがありますので、注意が必要です。

【11】　解雇予告の撤回に当たり、ノーワークノーペイの原則を適用できるか

Q　　使用者は労働者の同意を得て解雇予告を撤回するに際して、いわゆるノーワークノーペイの原則を適用することは可能でしょうか。

A　　使用者が解雇予告を撤回しても、労働者の同意がない限り撤回は無効とされることから、予告期間中は労使関係が有効に存続し、この期間中、労働者には労務提供義務があり、他方使用者はこれに対して賃金支払義務を負うことになります。したがって、労働者が自己の都合により欠勤や遅刻をしたときは、通常の労働関係と同様に、労働者には賃金請求権が発生せず、使用者は労働者に対して賃金減額をすることができることになります（いわゆるノーワークノーペイの原則）。

解　説

1　ノーワークノーペイの原則

　使用者が解雇予告を撤回しても、労働者の同意がない限り撤回は無効とされることから、予告期間満了によって解雇の効力が発生するまで労使関係が有効に存続し、この期間中、労働者には労務提供義務があり、他方使用者はこれに対して賃金支払義務を負うことになります。したがって、予告期間中に労働者が自己の都合により欠勤や遅刻をしたときは、通常の労働関係と同様に、債務不履行（民415）として、使用者は労働者に対して損害賠償請求ができるほか（通常は懲戒処分の対象）、当該日・時間に該当する部分について、労働者には賃金請求権が

発生しないものとして、使用者は労働者に対して賃金減額できることになります（いわゆるノーワークノーペイの原則）。

　他方、使用者の都合によって当該労働者を休業させたときは、少なくとも労働基準法26条の規定により休業手当を支払わなければなりません（倒産後も残務整理に従事した労働者には、解雇予告期間中につき、事業廃止のため就労できなかった期間中の休業手当支払義務はあるとした、東洋ホーム事件（東京地判昭51・12・14判時845・112））。

　しかし、使用者が解雇予告の直後に当該労働者に対して休業を命じ、労務提供を拒否すれば、使用者としてはその期間中の所定労働日数につき、平均賃金の100分の60に相当する休業手当を支払えば済むことになり、解雇予告の場合、30日分以上の平均賃金の支払を義務付けている労働基準法20条1項の趣旨を逸脱するのではないかという疑問が出てきます。

　この点について行政解釈は、解雇の予告と同時に労働者に休業を命じ、予告期間中休業手当を支給し、予告期間満了とともに解雇した事例について、「予告期間中といえども、労働者には民法536条2項による賃金全額請求権が確保されており、労働関係は正常に存続しているので、これを違法と解することはできない」としています（昭24・12・27基収1224）。したがって、解雇予告期間中の賃金を休業手当で代えることは、解雇予告義務違反の問題は生じないことになります。

2　労働基準法26条と民法536条2項

　では、労働基準法26条と民法536条2項との関係はどうなるのでしょうか。労働基準法26条は、「使用者の責に帰すべき事由」による休業の場合に使用者が平均賃金の6割以上の手当を労働者に支払うべき旨規定しており、これは使用者の立場を考慮しつつ、労働者の生活保障を図るという観点から、民法536条2項を一歩進めた規定です。したがっ

て、労働基準法26条にいう「使用者の責に帰すべき事由」は、使用者
側に起因する経営・管理上の障害を含む不可抗力を除いたものと広く
理解され、民法536条2項の「債権者の責めに帰すべき事由」よりも広
く、また、使用者に負担を要求するのが社会的に正当かという観点か
ら判断されるべきと解されています（ノースウエスト航空事件＝最判昭62・
7・17労判499・6）。

　したがって、民法536条2項に該当する場合には、当然に労働基準法
26条の要件を充足していることになり、このような場面では、労働者
は、労働基準法26条所定の範囲を超える金額については民法536条2項
に基づいて賃金全額を請求できることになります（米軍山田部隊事件＝
最判昭37・7・20民集16・8・1656）。

アドバイス

　予告期間中に労働者が自己の都合により欠勤や遅刻をしたときは、通
常の労働関係と同様に、労働者には賃金請求権が発生しないものとして、
使用者は労働者に対して賃金減額をすることができることになります
（いわゆるノーワークノーペイの原則）。他方、使用者の都合によって
当該労働者を休業させたときは、少なくとも労働基準法26条の規定によ
り休業手当を支払わなければなりませんので、双方共に注意が必要です。

【12】　解雇予告の撤回に労働者が同意したにもかかわらず復職しない場合は

 解雇予告の撤回に労働者が同意したが復職しない場合、使用者はどのようにしたらよいのでしょうか。

A　任意退職の意思表示か否か等、労働者が復職をしない理由を確認する必要があり、他に就職した場合等でない場合、業務命令違反として改めて解雇等することになります。

解　説

1　解雇予告撤回の法的効果

使用者の解雇予告は、労働者が具体的事情の下で自由な判断によって同意を与える場合には、【8】で述べたとおり、意思表示は遡及して無効となり、労働関係は解雇予告前の状態に復することになります（民121）。したがって、労働者は従来どおりの労務提供をしなければならず、使用者はこれに対して賃金を支払わなければなりません。

2　労働者が復職しない場合

では、使用者が労働者の同意を得て解雇予告を撤回したにもかかわらず、労働者が職務に復して労務提供しない場合はどうなるのでしょうか。

労働者は労働契約上就労義務を負っている反面、労働者の退職の自由を排除するものではなく、労働者が復職しない場合、労働者からの事実上の退職の意思表示又は合意解約の申入れと解釈する余地が出て

きます。

　例えば、労働者が予告期間中に新しい就職口を見つけて労働契約を締結していたところ、使用者から解雇予告撤回を通知されてそれに同意した場合でも、労働者から退職の意思表示を行い、それが使用者側の承諾を求める趣旨のものであれば、合意解約の申入れとして、使用者側が承諾した時点で、合意解約が成立することになり、仮に使用者側が承諾しない場合でも、労働者の合理的意思解釈としては確定的な退職の意思表示として、当初の予告期間満了により労働契約が終了するものとすべきでしょう。

　しかし、このような事情が認められず、使用者が労働者に対して労務提供を促したにもかかわらず、労働者が全く反応を示さなかったり、何らの理由を示すことなく復職を拒否している場合などは、相当の期間を定めて復職を求め（少なくとも当初の解雇予告期間）、それでも復職しない際は、会社業務に支障を与えるものとして、使用者は業務命令違反を理由とした懲戒処分若しくは通常解雇を選択することが可能となります（例えば、所属長に無断で欠勤・早退・遅刻・離席を繰り返し、約1年間にわたってほとんど勤務しなかったことから解雇したケースで、「上司の指示・命令に従って誠実に労務を提供するという労働契約上の基本的債務を履行する意思なしとし、被告（＝会社）の判断は客観的に妥当性を有すると認められる」とした、日本テレビ放送網事件（東京地判昭62・7・31労判503・45）など）。

　この他に、使用者が解雇の意思表示をしない場合において、労働者が使用者に無断で他の企業に就職したり、鉱山などで無断で退山したときなどは、任意退職の意思表示（黙示）と解され、これによって労働関係は終了したものと認められます（昭23・3・31基発513）。

アドバイス

　労働者が復職せず、他の企業等に就職した場合には、退職の意思表示と解されますが、その他の場合には、使用者からの業務命令違反として解雇の措置をとることになります。

【13】　解雇予告の撤回に労働者が同意したにもかかわらず復職しない場合は（予告手当を既に支払っていた場合）

Q　使用者は予告手当を既に支払っていたところ、その後解雇予告を撤回し、労働者が同意したにもかかわらず、復職しない場合はどうなるのでしょうか。

A　他社に就職する等して労働者が復職しないことを明らかにしている場合は、使用者の承諾により合意解約等がなされ、労働者は予告手当返還義務を負いませんが、労働者が何らの理由を示すことなく復職しない場合、復職拒否した期間の予告手当返還義務が生じます。

解　説

1　解雇予告撤回の法的効果

【8】で述べたとおり、解雇予告が撤回された場合、その意思表示は遡及して無効となることから（民121）、労使関係は解雇以前の状態に復する結果、労働者は従来どおりの労務提供をしなければならず、使用者はこれに対して賃金を支払わなければなりません。

2　予告手当返還の有無

使用者が労働者を解雇しようとする場合、少なくとも30日前に解雇予告をしなければならず、即時解雇しようとする場合には、予告に加えて30日分以上の平均賃金（いわゆる解雇予告手当）を支払わなければならず（労基20）、したがって解雇予告に際して30日分以上の予告手当を支払って即時解雇した使用者が、その後（労働者の同意の下に）

解雇予告を撤回した場合、労働者は予告手当を返還する義務が生じるのでしょうか。

解雇予告が撤回されて予告前の状態に復した以上、労働者は予告手当を返還する義務が生じることになりますが、解雇予告は遡及して無効とされることから、使用者には労働者に対して予告期間中の賃金支払義務が発生することになり、支払済みの予告手当が当該賃金に充当されることになります。他方、予告期間中に労働者は労務提供をしなかったものの、当該就労不能は使用者が行った解雇予告に基づいたものであることから、民法536条2項により上記賃金請求権を失わないからです。

ここで労働者が復職しない場合、【12】で述べたとおり、労働者からの退職の意思表示として、使用者の承諾を求める趣旨とみなされる場合、使用者が承諾した時点で合意解約が成立し、当初予告期間の残期間の予告手当分（例えば、予告期間開始後10日で合意解約された場合、予告期間20日分の予告手当）の返還が問題となりますが、前述したとおり、当該就労不能は使用者の責任に帰すべき事由に基づくものとして、民法536条2項により、労働者は返還義務を負わないことになります。

また、使用者が承諾しない場合も、遅くとも当初の予告期間満了により労働契約は終了し、同様に労働者は予告手当返還義務を負わないことになります。

他方、このような事情が認められず、使用者が労働者に対して労務提供を促したにもかかわらず、労働者が全く反応を示さなかったり、何らの理由を示すことなく復職を拒否している場合などは、相当の期間を定めて復職を求め（少なくとも当初の解雇予告期間）、それでも復職しない際は、会社業務に支障を与えるものとして、使用者は業務命令違反を理由とした懲戒処分若しくは通常解雇を選択することが可能

となり、この場合労働者は少なくとも予告期間のうち復職（就労）を拒否していた期間について、予告手当返還義務を負うことになるでしょう。

アドバイス

　使用者は、労働者の復職拒否の理由を尋ね、退職意思がある場合には、合意解約等を行い、他方何ら理由のない復職拒否の場合、懲戒処分や解雇とともに予告手当返還を請求すべきです。

【14】　解雇予告の変更は

 　　会社は既に行った解雇予告につき、予告後に解雇日を変更することは許されますか。

　　解雇予告の変更は、撤回同様、労働者の地位を不安定な状態にすることから、労働者の同意がない限り許されないものと解すべきです。

解　説

1　解雇予告後の解雇日の変更

　使用者が解雇予告をしておきながら、途中で仕事の完成の遅れや解雇理由の欠缺などを理由に解雇日を変更することは、労働者の地位を不安定にするもので許されず、行政解釈も「解雇の予告が数次に亘り1月ごとにくりかえされた場合には、〔労働基準〕法第20条の法意に鑑み、使用者労働者双方にとって最終の契約についての解雇の予告として確定的に意味を持つものと客観的に認められるのでなければ、予告期間の満了によって当該契約が終了するとは考えられない。」（昭27・2・2基収503）としています。もっとも、次に述べるとおり解雇予告の変更には、2つのタイプがあり、それぞれに異なった取扱いがなされる可能性があります。

2　解雇予告手当を支払って、予告期間を短縮する場合

　使用者が解雇予告をしたものの、仕事の完成が早まったなどの理由により、例えば当初30日後に解雇する旨予告していたものの、後日、当初の予告期間30日を20日に短縮し、短縮した10日分の予告手当を支

払って解雇する場合は、どうなるのでしょうか。労働基準法20条2項
では、「予告の日数は1日について平均賃金を支払った場合においては、
その日数を短縮することができる」と規定されていることから、予告
期間の短縮は、必ずしも予告の当初のみに許されるものではないとす
る裁判例があります（日本炭業事件＝福岡地決昭29・12・28労経速240・7）。

　しかし、一旦特定してなされた解雇期日を繰り上げることは、その
限りにおいて解雇予告の変更となるので、たとえ短縮した日数に相当
する予告手当の支払がなされたとしても、解雇期日を使用者が一方的
に変更することは労働者の同意がない限りできないと解すべきでしょ
う（【8】参照）。

　もっともこの場合、予告手当によって換算されれば、労働者は短縮
された10日分について現実に就労しなくても、その間の賃金が支払わ
れることになるので、このような予告期日の変更については、現実に
は労働者が同意することが多くなるでしょう。また、仮に明示的に同
意しなかった場合でも、労働者が短縮日数に相当する予告手当を異議
なく受領した場合には、解雇期日の変更に同意したもの（＝黙示の合
意）と解されることになるでしょう。

3　予告手当の支払をせずに解雇予告期間に切り替える場合

　上記2とは反対に、使用者が30日分の予告手当を支払って、即時解
雇すると言っておきながら、その支払をせず、例えば途中で10日分の
予告手当のみを支払い、残りの20日分は解雇期日までの就労を労働者
に求めるという場合は、労働者にとっては予期した予告手当を受けら
れないこととなり、更に新しい就職口の定まった労働者にとっては、
解雇期日の延期された日数だけ新使用者の下において労働することが
できない場合も生ずるので、このような解雇期日の変更は、労働者の
同意がない限り許されません。

　もっとも解雇の予告をした後に、労働者の責めに帰すべき事由が生じた場合に、予告期間中も労働関係が継続していることから、解雇予告除外認定を受けて即時解雇することは、許されることになります。

アドバイス

　解雇予告は、使用者が一方的になす解雇の意思表示（＝形成権）であって、予告を一方的に変更したりすると、通知を受けた労働者の法律上の地位が極めて不安定な状態に置かれることから、一度解雇の予告をした以上は、労働者の同意がない限り、これを変更したりすることはできないと解すべきです。

【15】　解雇予告撤回後の復職条件をめぐって労使で意見が対立している場合は

> Q　使用者が解雇予告を撤回し、労働者との間で職場復帰の協議をしていますが、復職条件をめぐって対立している場合はどうしたらよいでしょうか。

> A　使用者は労働者に対して、原則として原状回復義務を負っていることから、従前同様の労働条件で復帰させる義務があり、その内容は形式的なものではなく、実質的なものである必要があります。

解　説

1　解雇予告撤回と職場復帰義務

使用者は、労働者を即時解雇した後、国からの助成金をカットされる心配をしたり、当該労働者から解雇予告手当を請求されたりして、しばしば解雇撤回の意思表示をすることがあり、これに対しては労働者の地位を不安定にすることから、同意がない限り解雇撤回の意思表示は効力を有しないものとされています（民540）。したがって、労働者の同意があれば、使用者は解雇撤回をして職場復帰を認めることになり、労働者は労働契約上使用者に対して労働義務を負っていることから（労契6）、使用者の解雇撤回＝職場復帰提案に対して応じる義務を負うことになります。

2　職場復帰条件

使用者は労働者に対して、原則として原状回復義務を負っているこ

とから（民121の2）、従前同様の労働条件で復帰させる義務があり（【52】参照）、その内容は形式的なものではなく、実質的なものである必要があります。

（1）　復帰条件について、使用者は信義則上実質的な提案をする義務を負っており、具体的には次のようなものです。

①　復帰労働者と話合いの場を持ち、復帰後の職場環境は従前と同様のものとし、その具体的な内容を説明します。

②　一般に復帰労働者は、復帰後の職場環境について不安を持っていることから、労働者の求めに応じて何度でも話合いに応じます。

③　復帰労働者に対し、①②を前提とし何度でも復職を求めた上で、それでも労働者が就労しない場合、解雇の可能性・有無の判断が必要となり得ます。

（2）　解雇の意思表示について、解雇権濫用法理が適用され、この場合は特に解雇回避努力を尽くしたか否かが重要であり（労契16）、手続に際しては、弁明の機会を付与して、解雇の可能性を警告とするべきです。

次の裁判例はこれらを怠ったもので、通信社から解雇された記者が、解雇無効判決に従って復職を求めたところ、会社は復職条件を具体的に示すことなく、話合いをする条件として記者職から倉庫係への配転並びに賃下げを提案し、これに応じない場合には解雇があり得るとの提案をしてきたことから、記者がこれを拒否したところ、再度解雇されたケースで、判決は「本件提案は、その通知書に『下記のとおり提案します。』と明記され、また、提示された復職の条件のうち、復職先の職種、賃金の額、復職日のいずれも具体的に特定されていないことから明らかなとおり、あくまで復職条件等に関する提案にすぎず、就労義務の履行としての復職を催告し、あるいは、業務命令権の行使として復職を命じる趣旨であると評価する余地のないものであ」り、「し

たがって、被告（＝労働者）において、本件提案を応諾し、本件提案
に係る復職条件を前提とする協議に応じる法律上の義務を負うとか、
そうでなくても、協議に応じてしかるべきであったなどと解すべき根
拠は乏し」く、「本件提案に応じるか否かは、基本的には、被告の自由
な判断に委ねられるべきものであり、被告がこれに応じない旨の意思
を明らかにしたからといって、そのこと自体に何ら責められるべき点
はないというべきである。」「当時、被告が原告において就労していな
かったのは、原告が第1次解雇の有効性を主張して被告の就労を拒絶
していたことに原因があり、原告（＝会社）において、被告の雇用を
継続しようと考えるのであれば、就労を拒絶せずに、復職条件を指定
して就労義務の履行を催告すればよいのであって」、「原告の主張する
本件解雇の理由は、いずれも客観的に合理的なものとはいえない」（ブ
ルームバーグ・エル・ピー〔強制執行不許等〕事件＝東京地判平27・5・28労判1121・
38）としています。

アドバイス

　使用者は、復帰条件について復帰労働者と十分な話合いの場を持って、
その具体的な内容を説明すべきです。仮に一定の段階に達しても合意が
できない場合には、解雇の可能性判断が必要となり、その後は解雇権濫
用法理適用の有無が問題となります。

第 3 章

解雇の撤回・無効
に伴う諸手続

56

【16】　解雇の撤回・無効の効果は

 　解雇の撤回・無効の法的効果はどのようなものでしょうか。

 　解雇が撤回・無効とされると、法的には解雇がなかったものとされ、労働者は使用者に対して労働者の地位確認や解雇期間中の賃金請求、更には使用者に故意・過失がある場合には不法行為に基づく損害賠償請求などができます。

解　説

1　違法解雇の効果

　解雇が法令違反（労基3、労組7など）や権利濫用（労契16）として違法とされる場合、我が国では2で述べるとおり、解雇違法→無効、原職復帰を原則としていますが、諸外国ではドイツは日本同様ですが、イギリスやフランスなどは、解雇違法→損害賠償（金銭解決）を原則としており、解雇違法に対して多様な救済方法がとられています。このように日本の解雇に対する救済方法の特徴は、①解雇に合理性・相当性がなく権利濫用とされる場合、一律に解雇無効という効果をもたらし（労契16）、②解雇が無効であっても、原則として労働契約上の権利を有する地位の確認と賃金の遡及払が命ぜられるにとどまることです。

　①に関しては、より柔軟な救済方法を整備するという観点から、解雇の金銭解決制度を立法上導入することの是非が検討されていることに注目する必要があり、②に関しては、地位確認請求が認められても（賃金の遡及払のみが認められることも多い）、使用者が労働者の就労を拒否している場合には、原則として就労請求権を有せず、労働者

は賃金遡及払と付随的給付を請求し得るにとどまることになります。
ちなみに解雇の効力について争いがある場合、使用者側から、被解雇
労働者が労働者の地位を有しないことの確認を請求することもあり、
この場合、労働者側からの地位存在確認請求の反訴は、民事訴訟法142
条の重複訴えの禁止により却下されるとした、A社〔総合警備保障業〕
事件（神戸地尼崎支判平17・9・22労判906・25）があります（契約社員であ
る女性労働者がセクハラを受けたとして、会社からの契約更新の申入
れを拒否したことから、会社が女性労働者に対して、労働者たる地位
を有しないことの確認請求を求めたケース）。

2　解雇の撤回・無効の効果

　解雇が裁判で無効とされたり（労契16）、使用者が労働者の同意を得
て撤回した場合（使用者のなす解雇はいわゆる形成権の行使であり、労働者の
同意がなければ撤回できないとする、東京高決平21・11・16判タ1323・267など）、
法的には解雇がなかったものとして扱われます。したがって、解雇さ
れた労働者は、解雇後自ら退職した場合などは別として、使用者に対
して労働契約上の地位にあることの確認や解雇期間中の賃金を遡って
請求できるとともに（解雇期間中の労働不能は、使用者（＝債権者）
の責めに帰すべき事由によるものとされ、危険負担に関する民法536
条2項によって使用者は反対給付（＝賃金支払）の履行を拒否し得な
い）、更に解雇が不当な動機・目的や相当性判断に重大な誤りがあり、
使用者の故意・過失が認められる場合には不法行為として損害賠償を
請求することもできます（民709）。

3　解雇無効をいつまで争い得るか

　労働者（被解雇者）は、解雇無効をいつまで主張できるかについて、
我が国には出訴期間の制限等を定める法律はないことから、（論理的

には)いつまでもその無効を主張できるのが原則となります。しかし、解雇された労働者が、異議を述べたり他の方法で争うなどの経緯・事情がないまま、長期間徒過した後に解雇無効を主張して訴えを提起した場合、時宜を失した権利主張は信義則上許されないとして（民1②、労契3④)、解雇無効の主張はできないと判断されることがあり（もっとも、この点は、経過期間の長さのみによって決定されるものではなく、解雇から権利主張の時点に至るまでの事情・経緯、両当事者の態度、訴えの提起に至った動機・理由などの諸事情を考慮し、長期間経過後の権利主張が著しく信義に反するものといえるかどうかによって決せられ)、例えば、解雇当時に経済的困窮から退職金を受け取ったものの、解雇後の客観情勢の変化の中で解雇に対する不服意思を固め、解雇から約10年後に解雇無効を主張する訴えを提起したことは、信義則に反し許されないとはいえないとした、播磨造船事件（大阪高判昭41・4・22判時468・63) などがあります。

| アドバイス |

　解雇が撤回されたり、無効とされた労働者から、使用者に対して地位確認や解雇期間中の賃金請求、更には使用者に故意・過失がある場合、不法行為に基づく損害賠償請求をなされることがありますので、使用者は解雇が適法なものかどうか注意を払う必要があります。

【17】　係争期間中の賃金の取扱いは

Q　　労働者が当社に起こした解雇無効確認訴訟の期間中、当該労働者は就労していませんでしたが、裁判で敗訴した場合、その期間の賃金はどのように取り扱うのでしょうか。

A　　解雇が無効となった場合、使用者は、解雇以後に発生した賃金を未払賃金として労働者に対して支払わなくてはなりません。支払う賃金の範囲は、「労働契約上確実に支給されたであろう賃金の合計額」とされています。

解　説

1　未払賃金請求の法的根拠

　労働と報酬は対価関係にあり、労働者は労働の後でなければ報酬を請求することができません（民624①）。また、賃金は就労後に発生するとしているため、労働者は就労しなければ賃金を請求できないのが原則です。

　しかし、解雇が無効である場合には、使用者は労働者からの未払賃金の請求に応じる必要があります。これは、使用者の無効な解雇により労働者の就労を拒否していたことになり、労働者は「債権者の責に帰すべき事由によって債務を履行することができなくなった」といえ、賃金請求権が発生することになります（米軍山田部隊事件＝最判昭37・7・20判時309・2）。

2　支払う未払賃金の範囲

　解雇無効後の未払賃金として、使用者が労働者に支払う賃金の範囲

は、「当該労働者が解雇されなかったならば労働契約上確実に支給されたであろう賃金の合計額」とされており（菅野和夫『労働法』803頁（弘文堂、第12版、2019））、この「解雇されなければ確実に支給された金額」は具体的には以下のように考えられています。

①　月ごとの固定給がある場合には、その額

②　時給制や歩合給制の場合には、

　　⑦　過去1年間の諸手当の総額を基礎とした月平均手取額

　　⑥　解雇前の3か月の平均値

また、手当・賞与の支払請求に対しては、【18】参照。

3　労働者が他社からの収入を得ていた場合

　解雇期間中に労働者が他社で就労して中間収入を得ていた場合、使用者は、労働者に支払わなければならない解雇期間中の賃金から、労働者が他社で得ていた収入を控除することができます。

　ただし、無効な解雇は「使用者の責めに帰すべき事由による休業」に当たるため、使用者は休業手当（平均賃金の6割）を支払わなければならないと定められています（労基26）。

　判例では、解雇された労働者に解雇期間中に中間収入がある場合には、その収入が副業的であって、解雇がなくても当然に取得し得るなど特段の事情がない限り、その収入があったのと同時期の解雇期間中の賃金のうち、同時期の平均賃金の6割を超える部分については、控除の対象になるとしています（あけぼのタクシー事件＝最判昭62・4・2労判500・14）。

アドバイス

　使用者賠償責任保険の特約である雇用慣行（関連）賠償責任保険は、ハラスメントや不当解雇等の不当雇用慣行に関する損害賠償についての

賠償責任保険です。解雇無効により労働者に支払う賃金は損害金ではありませんが、各種保険会社の約款上、不当解雇における支払賃金を「損害金」として「扱う」などといった規定を設け、保険の対象となっているケースも多く見られます。

参考判例

○被告会社が原告に対して行った解雇は無効であるとした上で、原告が生計維持のために同業他企業から相当の賃金を得ていたとしても、直ちに被告会社での就労意思を喪失したとはいえないため、被告会社に対して解雇後の中間収入を控除した上で、未払賃金の支払を認めた事例（マルハン事件＝東京地判令元・6・26労経速2406・10）

【18】　係争期間中の手当・賞与は支給しなければならないか

 　解雇が無効と判断された場合、係争期間中の手当や賞与は支給しなければなりませんか。

A 　労働者が請求する賃金の中には、諸手当も含まれ、賞与についても、それまでの支給実績に照らして金額を計算し得る場合だけでなく、査定がなされずに金額が確定しない場合でも、平均的若しくは最低査定によって計算した金額が認められる傾向にあります。

解　説

1　解雇期間中の賃金請求

　違法な解雇や権利濫用に当たる解雇によって、労働者の労務提供が履行不能となった場合、このような違法な解雇をした使用者自身に第一義的な責任があるため、労働者は現実の履行の提供をしていなくても、賃金請求権が認められるのが一般的です（【17】参照）。

　労働義務の履行不能についての使用者の帰責性の有無は、履行不能に至った理由・経緯、両当事者の態様、その際の状況などを総合的に勘案して判断され、例えば、労働組合による除名処分が無効であるとして、ユニオン・ショップ協定に基づく解雇が無効とされたケースで、判決は「労務提供の受領拒否による被上告人（＝労働者）らの労務提供の履行不能は、債権者である上告人（＝会社）の責めに帰すべき事由に基づくものであって、被上告人らは反対給付としての賃金請求権を失わない」とした清心会山本病院事件（最判昭59・3・29労判427・17）があります。ただし、労働者側に客観的に見て就労の意思や能力がない

など、当該使用者の下での不就労の原因が、労働者側の事情にあると認められる場合には、使用者の帰責事由による就労不能ではないとして、労働者は賃金支払を請求できなくなります（ペンション経営研究所事件＝東京地判平9・8・26労判734・75など）。

2　賞与の支払

　賞与を支給するかどうか、それをいかなる額とするかについて、法律は何ら規定を置いておらず、当事者の任意に委ねられています。もっとも、賞与を支給する場合には、（常時10人以上労働者を使用する）使用者は「臨時の賃金等」として就業規則にそれに関する事項を記載しなければならず（相対的必要記載事項（労基89四））、また、労働契約の締結時に、それを明示しなければなりません（労基15①、労基則5五）。

　賞与請求権は、労働協約、就業規則や個別契約等の労働契約上の根拠に基づいて発生します。多くの企業では、就業規則上、「毎年6月及び12月に会社の業績、労働者の勤務成績等を考慮して賞与を支給する」との規定が定められています。

　(1)　就業規則等で支給額が確定している場合

　当然に支払の対象となり、例えば「原告の給与は年俸制であり、賞与は被告の査定評価を経ることなく確定金額として毎年の労働条件更改時に成立しているものと考えられ、（中略）2回の賞与分も原告の労務の提供があれば同人の年収として支給が保障されて然るべき」として賞与支払を命じた、明治ドレスナー・アセットマネジメント事件（東京地判平18・9・29労判930・56）などがあります（同旨：学校法人福寿会事件＝福島地郡山支判平23・4・4労判1036・86、ナショナル・ウェストミンスター銀行〔第1次仮処分〕事件＝東京地決平10・1・7労判736・78など）。

　(2)　使用者の査定によって支給額が確定される場合

　裁判例は分かれています。

（ア）　否定例

「一時金は、会社の業績、労働者の勤務成績等に応じて支給すると
され、一時金額は、個々の労働者ごと個別に被告において支給率を決
定していたことが認められる。本件については、被告の業績や原告の
勤務成績による支給率について決定がないこと、この決定は被告の裁
量的な行為であることに照らし、原告には、未だ具体的権利として一
時金請求権が発生していない」として、査定のない被解雇者からの請
求を否定した、トーコロ〔賃金請求〕事件（東京地判平16・3・1労判885・
75）等があります（同旨：本庄ひまわり福祉会事件＝東京地判平18・1・23労判
912・87）。

（イ）　肯定例

査定が入る場合でも、「賞与は、労務提供の反対給付たる賃金として
の性格を有するものと認められるから、その責めに帰すべき事由によ
って労務提供を受けなかった控訴人（＝使用者）としては、被控訴人
（＝労働者）が本件解雇後の事業労働に従事・貢献しなかったことを
理由として被控訴人に対する賞与の支払を免れることはでき」ず、「控
訴人の業績や被控訴人の従前の勤務状況を勘案した相当額を支払わな
ければならない」とし、「本件解雇前の支給額と同一額」を支払うべき
とした、サン石油〔視力障害者解雇〕事件（札幌高判平18・5・11労判938・
68）（同旨：宝林福祉会〔調理員解雇〕事件＝鹿児島地判平17・1・25労判891・62、
福島県福祉事業協会事件＝福島地判平22・6・29労判1013・54など）、労働者全体
の平均値を認めたもの（富士科学器械事件＝東京地判平18・1・27労判911・88）、
最低の査定額を認めたもの（東光パッケージ〔退職勧奨〕事件＝大阪地判平
18・7・27労判924・59）などがあります。

3　手当（精勤・家族・住宅・食事・残業手当など）

これらの手当についても、当該労働者が就労していれば得られたで

あろう金額が認められる傾向にあり、例えば住宅手当の増額分について「被告（＝会社）の就業規則（給与規定）上、住宅手当は一律とされ」「住宅手当の増額分については、就業規則を下回る労働条件を定めることはできず（労基93）、被告には増額するかしないかについて裁量はないから、原告には住宅手当の増額分について賃金請求権があると認める」とした、前掲トーコロ事件判決などがあります。また、残業代請求についても過去3か月の平均額から算定して支払を命じた勝英自動車学校〔大船自動車興業〕事件（東京高判平17・5・31労判898・16）などがあります。

アドバイス

　諸手当や賞与についても、裁判例ではそれまでの支給実績に照らして金額を計算し得る場合だけでなく、査定がなされずに金額が確定しない場合でも、平均的若しくは最低査定によって計算した金額が認められることがありますので、注意が必要です。

【19】　退職金を既に支払っている場合は

$\boxed{Q}$　　使用者が労働者を解雇した後、退職金を払い込んでそれを労働者が受領している場合、後で解雇が無効の判決が出されても、いわゆる「解雇の承認」として、合意解約の申込みに対する承諾若しくは解雇の効力を争わない旨の意思表示と解されることはないのでしょうか。

$\boxed{A}$　　労働者が解雇の効力を争っている限り、その間に使用者からの解雇予告手当や退職金を受領していたとしても、新たな合意解約若しくは解雇の効力を争うことを放棄するに足りる特段の事情がない限り、原則として解雇の承認は認められません。

解　説

1　退職金支払と解雇の効力

　労働者が解雇無効で争っている間に、使用者が退職金を支払い、労働者がこれを受領する等、解雇無効の主張と矛盾する行為をとったとしても、それだけで合意解約の申込みに対する承諾若しくは解雇の効力を争わない旨の意思表示として、労働者が解雇の効力を争う権利が失われるとは解されていません。すなわち労働者が解雇の効力を争い、その間に使用者から労働者が解雇予告手当や退職金を受領していたとしても、無効とされた解雇が相手方の承認によって有効となる論理（いわゆる無効行為の転換）を見い出すことには無理があり、特段の事情（例えば、労働者が異議なく退職金を受領して、解雇の効力を争わない旨明示したり、長期間にわたって争わなかった場合等）がな

い限り、新たな合意解約又は解雇の効力を争うことを放棄する旨の意思表示を認めたり、禁反言の法理や信義則（民1）に基づき解雇の無効を主張することは、原則として許されません（【16】参照）。

　裁判例でも、解雇を争っていた労働者に、会社側が予告手当と退職金支払を提案し、労働者側はそのいずれも受領拒否をしたところ、一方的に会社側が予告手当と退職金を労働者に送付し、これを労働者側は返金せずにいたケースで、判決は、労働者側の退職金受領について、「仮に原告（＝労働者）において郵送せられた退職金を進んで返還しなかったとしても、前記のとおり解雇の効力を争う意思が表明されている以上、その事実をもって原告が本件解雇を承認したものと認め、合意による解約があったもの又は本件解雇に伴う紛争を終結する意思表示があったものとは到底認めがたい」旨判示した、富士川製紙事件（静岡地判昭28・5・7労民4・3・215）（同旨：服部時計店事件＝東京地決昭32・2・7労経速236・2など）があります。

　したがって、この場合、被解雇労働者は解雇期間中の賃金を遡って請求できることから（解雇期間中の労働不能は、使用者（＝債権者）の責めに帰すべき事由によるものとされ、危険負担に関する民法536条2項によって使用者は反対給付（＝賃金支払）の履行を拒否し得ない）、使用者が支払った退職金は上記未払の賃金に順次充当され、不足する場合には更に遡及払の賃金請求をすることになります（民488など）。

2　合意解約等の効力が認められる場合

　これに対して、労働者が退職金を異議なく受領したり、長期にわたって訴訟を提起しなかった場合などは、「解雇の承認」と認められる場合があります。この場合、労働者の退職金受領行為は、解雇が客観的には無効であっても、当事者間での合意解約若しくは解雇の効力を争

わないとする労働者の明示若しくは黙示の意思表示と解すべきことに
なります。例えば、解雇後、使用者から特別加算された退職金が支給
されたところ、労働者が異議をとどめずに受領したケースで、合意解
約の成立を認めた、山陽パルプ事件（山口地判昭41・10・3労経速586・11）
（同旨：O法律事務所事件＝名古屋地判平16・6・15労判909・72）などがありま
す。

アドバイス

　使用者が労働者を解雇した後、退職金を払い込んだとしても、労働者
が解雇の効力を争っている以上、特段の事情がない限り、原則として合
意解約の申込みに対する承諾若しくは解雇の効力を争わない旨の意思表
示と解されることにはならず、この場合、退職金は解雇無効に伴う遡及
払賃金に充当されることになるので、注意が必要です。

【20】　源泉徴収をすることなく未払賃金の支払を求められた場合は

Q　解雇無効と判断され、解雇期間中の賃金の支払を命じる判決が出たところ、労働者側から「債務名義があるのだから、源泉徴収せずに全額払ってほしい」と言われています。債務名義と源泉義務の有無は関係あるのでしょうか。

A　判例上、使用者は、労働者側から強制執行により賃金の回収を受ける場合であっても、源泉所得税の源泉徴収義務を負うとされています。

解　説

1　源泉徴収制度

　使用者は労働者に給与等を支払う場合、所得税の源泉徴収義務を負っています（所税183・28）。したがって、仮に使用者が給与等の支払に当たって、源泉徴収をすることなく労働者に給与全額を支払った場合でも、税務署長は当該使用者から納付すべきであった額の所得税を徴収すべきものとされており、この場合、所得税を徴収された使用者は、労働者に対し所得税相当額を求償して、当該分について回収することになります（所税221・222）。

　このように使用者から労働者に対する求償権行使が可能であるとしても、使用者は、求償のための費用が発生する上、労働者が無資力である場合には二重払のリスクの負担が残ることとなるため、通常は任意に給与等を支払う際には、源泉所得税を控除した金額を労働者に支払っているのです。

2　強制執行による給与等の支払と源泉徴収義務の存否

　ところで、解雇無効の判決を受けて、使用者が労働者から給与等支払の強制執行を受けた場合はどうなのでしょうか。使用者が判決において命ぜられた給与等の全額、すなわち源泉所得税を控除しない金額を労働者に対して支払わなければならないとすれば、このような場合には、所得税法222条所定の求償権を行使して、使用者は改めて労働者に対して源泉所得税額相当額を請求することになりますが、上記1で述べたとおり、求償のための費用負担や労働者の無資力による二重払リスクを負担することとなり、この点について過去の下級審裁判、学説では判断又は見解が分かれていました。

　最高裁は、使用者が未払賃金の強制執行を受けた際、源泉所得税も支払対象となるかについて、使用者は、強制執行により賃金の回収を受ける場合であっても源泉所得税の源泉徴収義務を負うとして、「強制執行により、その回収を受ける場合であっても、それによって、上記の者の給与等の支払債務は消滅するのであるから、それが給与等の支払に当たると解するのが相当であることに加え、同項は、給与等の支払が任意弁済によるのか、強制執行によるのかによって何らの区別も設けていないことからすれば、給与等の支払をする者は、上記の場合であっても、源泉徴収義務を負うものというべきである。（中略）上記の者は、源泉所得税を納付したときには、〔所得税〕法222条に基づき、徴収をしていなかった源泉所得税に相当する金額を、その徴収をされるべき者に対して請求等することができるのであるから、所論の指摘するところは、上記解釈を左右するものではない」旨判示しています（最判平23・3・22判時2111・33）。

3　解雇無効により給与等の支払を命じる判決が出た場合の使用者の対応

① 　まず使用者は、判決後強制執行に至る前に、任意に労働者側に給与等の支払を行って、二重払のリスクを回避することができます。つまり、給与等の支払時には使用者に源泉徴収義務が成立し、この義務の履行のために、労働者側は源泉徴収を受忍することとなり、源泉所得税を控除した金額を労働者に支払うことにより、判決が命じた全額について債務が消滅することになるからです。

② 　次に使用者が①に述べたとおり、判決後でも任意の支払に応じないまま、当該労働者が、源泉徴収額を含む未払賃金額の強制執行をしてきた場合、2で述べたとおり、使用者は賃金全額の支払をせざるを得ません。

アドバイス

　使用者は二重払のリスクや煩雑な手続を回避するためには、判決後強制執行に至る前に任意に給与等の支払をするのが望ましく、強制執行を受けた場合は、源泉徴収分を含む賃金全額の支払をした上で、後日労働者に当該分を求償するか翌月分以降の給与から控除することを余儀なくされますので、注意が必要です。

【21】　不法行為に基づいて損害賠償請求された場合は

　解雇が不法行為に該当して損害賠償を請求される場合は、どのような場合でしょうか。

　解雇が不法行為に該当する場合、損害賠償としては、通常、慰謝料に加えて逸失利益が認められます。

解　説

1　解雇と不法行為

　解雇が権利濫用で無効である場合でも、直ちに不法行為になるわけではありませんが、解雇が不当な動機・目的による場合、解雇に至る過程において明らかな事実誤認がある場合、解雇の相当性の判断に重大な誤りがある場合など、使用者の故意・過失が認められれば、不法行為が成立します。従来は組合活動等に対する解雇や整理解雇、近年はハラスメントの事案で多く見られるようになってきており、それに加えて会社法に基づく取締役の損害賠償責任が認められることもあります。

　これらの場合、労働者は地位確認請求や賃金遡及払請求の代わりに、あるいはそれに加えて（慰謝料の場合）、使用者や役員等に損害賠償を請求し得ることになります（ノース・ウエスト航空事件＝千葉地判平5・9・24労判638・32）（なお、JT乳業事件（名古屋高金沢支判平17・5・18労判905・52）は、代表取締役の任務懈怠によって会社解散と労働者の解雇に至った事例につき、悪意若しくは重過失による第三者への加害に際しての取締役の賠償責任を定めた旧商法266条の3第1項（会社法429条1項）に基づき、被解雇者の損害賠償請求を認容しました。）。

　なお、解雇は解雇権濫用で無効とし、地位確認・賃金請求を認容しつつ不法行為にはならないとした近時の裁判例として、トーコロ事件（東京地判平6・10・25労判662・43）、明治ドレスナー・アセットマネジメント事件（東京地判平18・9・29労判930・56）、学校法人尚美学園事件（東京地判平24・1・27労判1047・5）などがあります。

2　慰謝料

　解雇が不法行為に該当する場合、労働者に極めて重大な精神的打撃を与えることが通常であり、多くの裁判例では、慰謝料請求が認められています（慰謝料を認めた最近の例として、ジョナサンほか1社事件＝大阪地判平18・10・26労判932・39、恵和会宮の森病院〔雇止め・本訴〕事件＝札幌高判平17・11・30労判904・93、アイホーム事件＝大阪地判平18・9・15労判924・169など）。

3　逸失利益

　解雇による逸失利益（得べかりし利益）は、仮に解雇がなかったとしたら、労働者はどの程度の期間当該使用者の下で賃金を得たであろうかという問題であり、労働者が使用者の違法行為若しくは債務不履行によって退職を余儀なくされた場合の損害額の計算と共通する問題です。これについては、使用者の責任の程度、雇用保険による基本手当の受給期間、再就職の容易さなどの諸事情を総合考慮して計算されることになり、逸失利益を認定したものとして、以下に述べるとおり多くの裁判例があり、1年以内の賃金相当額を認めるものが大半です（解雇に伴う逸失利益を認容した例）。

◇4〜5か月分の給与相当額を認めた、わいわいランド事件（大阪高判平13・3・6労判818・73）
◇年収の12分の3相当額を認めた、Ｏ法律事務所〔事務員解雇〕事件（名古屋高判平17・2・23労判909・67）

◇解雇前年の年収1年分を認めた、S社〔派遣添乗員〕事件（東京地判平17・1・25労判890・42）

◇退職時給与6か月相当額を認めた、インフォーマテック事件（東京地判平19・11・29労判957・41）

◇6か月分の給与相当額を認めた、フリービット事件（東京地判平19・2・28労判948・90）

◇3か月分の給与相当額を認めた、三枝商事事件（東京地判平23・11・25労判1045・39）

◇解雇前3か月間の週平均賃金の34週分を認めた、テイケイ事件（東京地判平23・11・18労判1044・55）

アドバイス

　近年はハラスメントを原因としたケースのように、解雇に伴って不法行為が認められることが多く、この場合慰謝料に加えて逸失利益が認められ、取締役など会社経営者の責任を問われることもあります。

【22】　労働者が雇用保険の仮給付を受けていた場合は

 　解雇が無効とされたり、和解した場合などは、労働者は仮給付を返還する義務があるのでしょうか。

　解雇が無効であるとの裁判所の判決が確定した場合や、解雇日と異なる日に退職したことを合意する和解をした場合などには、「退職日に退職していなかったことになった場合」に該当し、労働者は仮給付の返還が必要となります。

解　説

1　雇用保険の仮給付とは

　労働者は、公共職業安定所において失業していると認定されることにより、基本手当等の受給資格を得ますが（原則として被保険者期間が離職以前2年間のうち、通算して12か月以上あること）、労働者が提訴等をして解雇を争っている場合、裁判が長期化したりすることから、労働者を保護する必要上、とりあえず失業として扱うという「仮（条件付）給付制度」を設けています。

　このように仮給付は本給付と趣旨が異なることから、運用上幾つかの特例があり、まず、労働者は仮給付の受給期間中は求職活動を行わなくとも給付制限はなされず（雇保32、雇用保険に関する業務取扱要領53302(2)ヌ）、給付内容も求職者給付のうち基本手当、傷病手当に限定され（同要領53302(2)イ）、復職した場合には、上述の基本手当等を返還することを前提に支給されます（申請の際に確認書の提出が求められます（同要領53301(1)ロ）。）。

　仮給付を受けることができる期間は、一般の離職者の失業保険の給

付日数と同様であり、雇用保険の加入日数が「10年未満」の場合には「90日」、「10年以上20年未満」の場合には「120日」、「20年以上」の場合には「150日」とされています。仮給付のうち基本手当は、離職した日の直前6か月の平均賃金日額に給付率（50％（45％）〜80％）を乗じて求められ、労働者と会社の主張が食い違っている場合でも、裁判所又は労働委員会がその解雇理由を不当と判定する旨の命令又は判決が確定しない限り、離職票に記載された離職理由によって所定の給付が行われます。

2　仮給付の手続

　仮給付申請のためには、まず雇用保険の被保険者資格の喪失手続をした上で、「本給付」に代えて「仮給付」申請手続を行うことになります。すなわち申請人は、「本給付」申請に必要な書類（雇用保険被保険者証、雇用保険被保険者離職票）に加えて、①「申立て又は提訴中である」旨記載した離職票、②労働審判や訴訟の申立てが確認できる書面（委任状や内容証明郵便では、解雇を争っていることの証明書としては不十分とされることが多い）、③確約書（勝訴して賃金支払を受けた場合には返還する旨の書類）等の書類を公共職業安定所に提出する必要があります。

3　仮給付の返還が必要な場合

　仮給付について「解雇日に退職していなかったことになった場合」には、返還が必要となり、以下の3つの場合が考えられます。
　（1）　解雇無効判決の確定
　解雇は解雇通告日に遡及して無効とされ、労働者には仮給付の全額返還義務が生じますので、通常、労働者はこの間の未払賃金を使用者から受領して、それを返還に充てることになります。

(2)　解雇通告日に退職する旨の和解

　解雇通告日と退職日が一致しており、労働者にはこの間の仮給付の返還義務はなく、本給付に充当されることになります。

(3)　解雇通告日と異なる日を退職日とする旨の和解

　解雇通告日から和解において合意させた退職日までの間は、労働者は在職していたことになり、この間の仮給付の返還義務があり、和解による退職日までの間は、(1)と同様使用者は賃金の遡及払義務があり、労働者は未払賃金を受領して、仮給付の返還に充当することになります。

　なお、仮処分命令に従い賃金が支払われた場合や、労働委員会の救済命令に従い賃金が支払われた場合にも同様です。

4　本給付から仮給付又は仮給付から本給付に変更することの可否

　労働者が解雇された後、解雇無効訴訟を行っている間に、何らかの理由で「本給付」として受給をしていた場合も、「本給付」から「仮給付」に変更することが認められており、また、解雇の効力を争い、仮給付を受けていた労働者が、原職以外への就職を希望するに至った場合には、仮給付から本給付へ変更することも認められています（雇用保険に関する業務取扱要領53305(5)）。

――――――――――――――――――――――――
　　　　　　　　　　　アドバイス
┌ ─ ─ ─ ─ ─ ─ ─ ─ ─ ─ ─ ─ ─ ─ ─ ─ ┐

　解雇無効の判決が確定した場合のほか、特に解雇日と異なる日に退職する旨の和解をした場合、仮給付の返還が必要となり、後日のトラブルに備えて、退職日をいつにするかは労使双方で注意する必要があります。

└ ─ ─ ─ ─ ─ ─ ─ ─ ─ ─ ─ ─ ─ ─ ─ ─ ┘

【23】　被保険者資格が回復された労働者の社会保険料支払の起算点は

> **Q**　解雇された労働者は、社会保険の被保険者資格喪失届が提出された後、解雇無効の判断がなされ、被保険者資格喪失の処理が取り消された場合、社会保険の保険料の支払起算点はいつになるのでしょうか。

> **A**　健康保険については、労働者の被保険者資格が回復されるため、使用者は保険者から、解雇を争っていた期間の過去の健康保険料の労働者負担分の徴収を求められることになり、この場合の保険料徴収の時効（2年）の起算点は、解雇無効の判定の効力発生の日とされています。厚生年金については、保険料徴収と保険給付について、2年に限定せず過去分全部を遡及する扱いとされています。

解　説

1　解雇に関する係争中の者に対する社会保険資格喪失

　労働者が退職等した場合、社会保険の被保険者資格喪失に関し、事業主は健康保険、厚生年金保険共に、退職後原則として5日以内に資格喪失届を提出しなければなりません（健保48、厚年27）。したがって、労働者が解雇された場合、事業主から資格喪失届が提出された場合は、保険者（健康保険組合又は厚生労働大臣）において、労働関係主管当局に意見を聞くなどし、解雇が労働法規又は労働協約に明らかに反するものと認められない場合は、不当労働行為救済申立てや仮処分申請等が行われていても、事業主の提出した資格喪失届に基づき、資格を

喪失したものとして届出を受理し、被保険者証の回収などの所定の手
続をすることになり、労働者等が被保険者証を返却しない場合は、無
効の公示がなされることになります（昭25・10・9保発68）。

　事業主が被保険者資格喪失届を提出すると、保険者は資格喪失の処
理をし、適用事業所に使用されなくなった日の翌日から、被保険者資
格は一旦消滅します（健保36、厚年14）。

　解雇後の社会保険については、健康保険の場合、任意継続被保険者
若しくは国民健康保険又は家族の健康保険（被扶養者）に加入するこ
ととなり、厚生年金の場合、国民年金の第1号若しくは第3号被保険者
に種別が変更されることになり、原則として14日以内に市町村長に変
更届を提出することになります（国年12、国年則6の2）。なお、解雇日の
後に健康保険被保険者証を使用した場合、詐欺罪に該当する可能性が
ありますので注意が必要です。

2　資格喪失後に解雇無効となった場合の取扱い

　解雇無効の判定が行われて、その効力が発生（仮処分決定の告知、
判決の言渡し、不当労働行為救済命令の交付など）したときは、以下
に述べるとおり、健康保険・厚生年金保険の資格喪失は遡及して取り
消されます。

　(1)　国民健康保険・健康保険
①　健康保険被保険者証が事業主を通じ本人に返還されます。
②　解雇された者が国民健康保険の被保険者となっていた場合、解雇
　無効の効力が発生するまでの間に本人が支払った国民健康保険料は
　返還され、受給した保険給付に関しては精算等をすることになりま
　す。反対に健康保険については、解雇無効の効力が発生するまでの
　間に本人が支払うべき健康保険料が徴収され、保険給付の請求等を
　することとなり、健康保険料の徴収は、事業主からもなされます。

③　解雇された者が無保険者であった場合、解雇無効の効力が発生するまでの間の健康保険料が徴収され、自費で診療を受けていた場合は療養費の請求をすることとなります。

(2)　国民年金・厚生年金

　解雇された者が、解雇無効の効力が発生するまでの間に国民年金の第1号被保険者として保険料を支払っていた場合はこれが返還され、その間の厚生年金保険料が徴収され、厚生年金保険料の徴収は事業主からもなされます。

　なお、仮処分の本訴や控訴審で解雇無効が取り消された場合には、解雇が遡って有効とされ、既になされた保険給付は返還の対象となり、徴収済保険料は事業主から労働者に還付されることになります。ちなみに、裁判所が解雇無効訴訟において賃金の支払のみを命じる判決をした場合、「解雇無効の判定をしたとはいえない」とする取扱いがなされることがありますが、賃金支払は解雇無効が前提としてなされていることから、かかる取扱いは妥当とはいえません（社会保険審査会平12・6・30裁決（裁決集平成12年版627頁））。

3　社会保険の保険料支払の起算点

　健康保険料支払の場合、被保険者資格喪失処理が取り消される結果、使用者は保険者から、解雇を争っていた期間の過去の健康保険料の労働者負担分の徴収を求められ、保険料徴収の時効の起算点も、解雇無効の判定の効力発生（判決の場合は言渡し、仮処分決定の場合は告知、不当労働行為救済命令の場合は交付）の日とされていますが、厚生年金の支払の場合、解雇の効力を争っている期間を、被保険者期間と扱うのか、平均標準報酬月額をどのように算定するかによって、年金給付に大きな影響を及ぼし、対応が変わり、現在は保険料の徴収権の消滅時効の起算点は、「解雇無効の判決」等がなされた日の翌日とされ、

その結果解雇事件全般で、厚生年金保険の保険料徴収と保険給付について、2年に限定せず過去分全部を遡及する扱いとされることになります。

アドバイス

　解雇された労働者の社会保険料支払の起算点は、健康保険と厚生年金では異なり、健康保険の場合、保険料徴収の起算点も、解雇無効の判定の効力発生（判決の場合は言渡し、仮処分決定の場合は告知、不当労働行為救済命令の場合は交付）の日とされていますが、厚生年金の場合、現在は保険料徴収権の起算点は、「解雇無効の判決」等がなされた日の翌日とされ、2年に限定せず過去分全部を遡及する扱いとされることになりますので、注意が必要です。

【24】　解雇無効に伴い、未払の厚生年金保険料を充当する場合は

　　解雇無効判決が出た場合の未払分の厚生年金保険料の支払はどのようになるのでしょうか。

　　解雇無効判決が確定した場合には、厚生年金保険について、原則として被保険者の資格喪失の処理を取り消し、解雇時から継続して加入していたものとする扱いがとられています。

　　解　説

1　厚生年金の資格回復範囲

　労働者の地位確認訴訟等で解雇無効の主張が認められた場合、被保険者資格喪失の処理が取り消される結果、被保険者資格を回復するため、保険者から解雇を争っていた期間の過去の社会保険料の労働者負担分の徴収を求められることになります。厚生年金保険法に基づく老齢、障害、遺族の各厚生年金の受給権の有無及び年金額は、被保険者期間と平均標準報酬額によって決定されるため、将来の年金受給額に影響を与えることになるからです。

2　解雇無効判決が確定した場合

　解雇無効の判決がなされることにより、労働者は解雇時点に遡及して厚生年金保険に加入することになり、事業主と労働者が折半して支払う健康保険料や厚生年金保険料は、被保険者の標準報酬月額と標準賞与額に基づいて法定の等級区分に応じて一定の保険料率を乗じて算

出されます。解雇無効の判決で使用者に支払が命じられる額は、各種
保険料や所得税等を控除する前の未払賃金全額であり、労働者は未払
賃金を受領した上で、厚生年金保険料を解雇時に遡って（事業主を通
して）保険者に支払うことになります。

3　解雇無効判決に応じた遡及払を使用者が怠った場合

　使用者が解雇時点に遡及して事業主負担分の保険料支払を怠った場
合の責任について、解雇が無効とされた社員Xが復職する際、会社側
は、社会保険事務所から、社会保険の加入方法について復職時から2年
分のみ遡って加入する方法と、復職時から再加入する方法に加えて、
解雇日に遡って加入するのが原則となる旨の説明を受けましたが、会
社は説明をXにしなかったことから、Xは、復職時から厚生年金に加
入する手続をとりました。このため会社は解雇時から復職時までに対
応する社会保険の使用者負担分の負担を免れたので、XはY社がXの
年金資格を遡及回復させなかったこと等が債務不履行ないし不法行為
を構成するとして、損害賠償を請求したケースで、判決は「解雇の無
効が確定した場合には、厚生年金保険について、原則として、被保険
者の資格喪失の処理を取り消し、解雇時から継続して加入していたも
のとする扱いがとられている」、「使用者は、労働者の年金受給額につ
いての期待を保護すべく、解雇時点に遡って当該労働者の被保険者資
格等を回復させることが望ましいのであって、年金資格の回復方法に
ついて労働者の選択に委ねる余地があるとしても、使用者は、雇用契
約に付随する義務として、当該労働者に対し、労働者が資格の回復方
法について合理的に選択できるよう、被保険者資格等の回復に必要な
費用及び回復により得られる年金額等、各加入方法の利害得失につい
て具体的に説明する義務を負うものと解するのが相当である。」旨判
示しています（宮崎信金事件＝宮崎地判平21・9・28判タ1320・96）。

アドバイス

　厚生年金について、原則として、被保険者の資格喪失の処理を取り消し、解雇時から継続して加入していたものとする扱いがとられているので、使用者はこの趣旨に沿って労働者の処遇をすべきです。

【25】　被保険者資格喪失の処理を取り消す場合は

Q　社会保険の被保険者資格喪失の処理を取り消す場合の法的効果はどのようになりますか。

A　健康保険については、解雇無効の効力発生日に遡及することになり、厚生年金については、解雇通告日に遡及して労働者は資格回復することになります。また、和解による場合には、解雇日によって資格回復期間に相違が出ます。

> 解　説

1　資格喪失届の扱い

解雇の効力について係争中の場合でも事業主が被保険者資格喪失届を提出して保険者が受理してしまった場合は、解雇が労働法規又は労働協約に違反していることが明らかな場合以外は、資格を喪失したものとして扱われます（昭25・10・9保発68）。

2　資格喪失の処理の取消し

上記通達では、労働委員会又は裁判所が解雇無効の判定をしてその効力が発生したときは、当該判定に従い遡及して資格喪失の処理を取り消すとしています。解雇無効の判定の効力の発生時期については、裁判所の仮処分決定は告知（民訴119）、判決は言渡し（民訴250）、労働委員会の不当労働行為救済命令は交付（労組27の12④）となります。

解雇無効の判定の効力が発生したときは、健康保険組合又は厚生労働大臣に対して資格喪失の処理を取り消して保険給付を行うよう求め（労働者の資格確認請求（健保51、厚年31）。この場合、口頭でもよいと

されていますが、書面を提出して記録しておくことが望ましいでしょう。）、これによって健康保険については、解雇無効の効力発生日に遡及して、厚生年金については、解雇通告日に遡及して、労働者は資格回復することになります（【23】参照）。

3　和解による解決をする場合の留意点

　和解、調停、労使協定（労働協約）などで解雇に関する争いを解決する場合には、解雇を争っていた期間の社会保険の被保険者資格をどう扱うかに留意すべきです。特に、厚生年金の受給権の有無や年金額は、被保険者期間及び平均標準報酬月額によって決定されることから、解雇を争っていた期間を厚生年金の被保険者期間として扱うかどうか、その期間の標準報酬月額がどうなるかは、年金給付に大きな影響を及ぼします。

　解雇の争いを解決する和解の内容として、解雇を撤回して解雇日に退職し解決金を支払う旨の合意をした場合は、解雇時から和解時までの期間の社会保険被保険者資格はないことになります。これに対し、解雇を撤回して和解時に退職するという和解をした場合や、解雇は撤回して復職するという和解をした場合は、解雇時に遡って和解時までの社会保険被保険者資格が認められるべきことになります。後者の解決をする場合、和解に際して、後日のトラブルを防ぐために、社会保険料の労働者負担分の処理やその金額についても確認しておくことが望ましいでしょう。

4　健康保険の保険料及び保険給付の精算

　資格喪失処理後に国民健康保険に加入していた場合、保険料の精算については、市区町村役場から過去2年分の国民健康保険料の還付を受け、事業主に対し過去2年分の健康保険料を納めます。保険給付の

精算については、過去2年分の保険給付に係る金員を納付した後、全国
健康保険協会（管轄の都道府県支部）又は健康保険組合に対して療養
費の請求をします。任意継続制度の利用期間中に、労働委員会又は裁
判所が解雇無効の判定をしてその効力が発生し、資格喪失の処理が取
り消された場合、労働者は本来事業主が負担すべき解雇期間中の保険
料を負担していたことになるので、健康保険組合からその分の保険料
の還付を受けます。全国健康保険協会の場合は、退職者の住所地を管
轄する都道府県支部から保険料の全額還付を受けた後、事業主に対し
労働者自身が負担すべき健康保険料を納めます。

アドバイス

　解雇無効判決により、健康保険については、解雇無効の効力発生日に
遡及して、厚生年金については、解雇通告日に遡及して、労働者は資格
回復することになります。また、和解をした場合にも、解雇日をいつに
するかで取扱いが異なりますので、注意が必要です。

【26】　解雇無効判決時に既に労働者の契約期間が満了している場合は

 　　有期雇用契約期間中の解除はどのような問題がありますか。

　　有期労働契約の期間中の解雇・退職は、「やむを得ない」事由がある場合でなければ許されず、期間途中の解雇が無効である場合、労働関係は期間満了によって当然には終了しないこともあります。

解　説

1　契約期間途中の解除

　（1）　有期労働契約の期間中の解雇・退職は、「やむを得ない」事由がある場合でなければ許されず、期間途中の解雇についてこの趣旨を確認した労働契約法17条1項は強行規定と解されるので、労使が期間中の解約の可能性についてあらかじめ合意しても、使用者が行う解雇に関する限り無効とされます（民628）。期間途中に、労働者と使用者が合意して労働契約を解約することは排除されませんが、労働者は契約期間中は雇用継続に対して無期労働契約の場合以上に強い期待を持つので、合意が真に成立したのかどうか、またその有効性については慎重な判断が必要とされています（アンフィニ事件（東京高決平21・12・21労判1000・24）は、合意が労働者に著しく不利益となるにもかかわらず、そのことを労働者に告げなかったとして、合意に基づく契約の終了は信義則上許されないとしています。）。なお、この場合の解雇にも、当然、予告義務（労基20）の適用があります。

　(2)　契約期間途中の解雇に関する「やむを得ない」事由とは、通常
の解雇の事由（労契16）とは区別され、契約期間中に雇用を終了させざ
るを得ない特段の事情と解されており、労働者の重大な非違行為のほ
か、急激な経営悪化などがそれに該当し（NHK神戸放送局〔地域スタッフ〕
事件＝神戸地判平26・6・5労判1098・5など）、このことは派遣労働者にも適
用されます。

　他方、労働者の退職に関する「やむを得ない」事由としては、賃金
（時間外手当を含みます。）不払、セクハラ、パワハラなどが考えられ、
こうした事由の発生について使用者に過失があると認められる場合に
は、契約期間中の退職を余儀なくされた労働者は、使用者に損害賠償
を請求し得ることになります（民628後段）。「やむを得ない」事由が労
働者の重大な非違行為である場合には、労働者は解雇から生じた損害
の賠償義務を負うことになります（民628後段）。

2　契約期間満了の場合の法的効果

　期間途中の解雇が無効である場合、労働関係は期間満了まで継続す
ることになりますが、当該期間の満了によって当然に終了するわけで
はなく、期間途中の解雇の意思表示に、期間満了時の雇止め（更新拒
否）の意思表示が含まれていたと解すべき場合があり、この場合には
満了時に雇止めがなされたものとして、その当否は雇止め制限の一般
的基準に従って判断されることになり（労契19）、場合によっては雇止
めが無効とされることもあります（安川電機八幡工場事件＝福岡地小倉支
判平16・5・11労判879・71など）。

　有期労働契約の期間途中での解雇については、それが無効と判断さ
れた時点で残期間が経過している場合には、その期間満了について
かなる処理が行われるべきかが問題となり、裁判例としては、有期契
約の途中解雇を解雇事由（労契17①）なしとして無効としつつ、残期間

が満了しているので地位確認を認めることはできないとして、残期間についての賃金請求のみを認容するもの（エヌエスイー事件＝東京地判平25・2・22労判1080・83、ベストFAM事件＝東京地判平26・1・17労判1092・98）があります。

　しかしながら、雇止め制限規定（労契19）により雇止めが無効とされる場合には、当該労働者が雇用継続を求める限り、たとえ契約期間が満了していても次期の更新時期等において更新がなされているものとして地位確認がなされるのであって、より厳しく制限されている契約期間途中の解雇について、残期間が終了していることを理由に地位確認請求を認めないのは、雇止め制限法理とのバランス上疑問であり、しかも5年超え継続の有期労働契約について無期転換権を与える規定（労契18）が施行されている今日では、そのような処理は、期間途中の違法な解雇によって同条による無期転換申込権の取得や行使の機会を失わせるおそれがあります。

　そのような裁判例として、6か月有期の労働者に対して、雇用期間途中で行われた解雇を「やむを得ない」事由（労契17①）なしとして無効とした上、契約期間経過後の法律関係につき、期間途中の解雇には期間満了の場合の雇止めの意思表示も含まれているとの意思解釈の下、雇止め制限規定（労契19）に従って判断し、雇止めの正当な理由なしとして地位確認請求を認容した、ジーエル〔保全異議〕事件（津地決平28・7・25労判1152・26、仮処分決定：津地決平28・3・14労判1152・33）があります。

　ちなみに経営事情の悪化などの理由により、契約期間中に休業がなされることがあり、この場合にも、労働者は賃金全額（民536②）若しくは休業手当（労基26）を請求し得ることになりますが、契約期間中の賃金全額払への期待は無期雇用の場合よりも強く保護されるべきであり、休業が民法536条2項に該当しないかどうかは慎重に判断すべきとされ、いすゞ自動車事件（宇都宮地栃木支決平21・5・12労判984・5）は、休

業命令が賃金請求権の消滅をもたらし得るためには、就業規則の不利
益変更の場合と同様の「合理性」(労契10)が必要とし、契約期間中の休
業命令の合理性は特に慎重に判断されるべきとしています。

参考判例

○契約期間途中の解雇に関する「やむを得ない」事由とは、通常の解雇の事
　由(労契16)とは区別され、契約期間中に雇用を終了させざるを得ない特
　段の事情が必要とした事例(学校法人東奥義塾事件＝仙台高秋田支判平24・
　1・25労判1046・22)

【27】　解雇無効になる以前に大量雇用変動届を提出している
　　　　場合は

Q　　裁判所で無効判決が出る前に、事業主が大量雇用変動
　　　届を公共職業安定所に提出していた場合はどうなるので
しょうか。

A　　解雇の有効性判断は、あくまでも使用者と労働者間の
　　　雇用関係における私法上の効力に関することであり、他
方事業主が行う大量雇用変動届は公法上の義務であることから、
事前に変動届が提出されていても、解雇の効力と変動届の効力に
直接の関連性はありませんが、解雇の有効性判断に影響を与える
ことがあります。

　解　説

1　大量雇用変動届

　事業主は、事業規模の縮小等を伴うかどうかにかかわらず、1つの事
業所で1か月以内に30人以上の離職者を出す場合、最後の離職日の1か
月前までに、労働者の離職日、離職者数、再就職援助措置、再就職先
確保状況などを記載した「大量雇用変動届」を公共職業安定所長に届
け出るものとされており、対象労働者は、自己の都合又は自己の責め
に帰すべき理由によらないで離職する者です（ただし、日雇労働者や
使用期間中の者等は除きます。）。事業主がこの届出を怠った場合、30
万円以下の罰金に処されます（労働施策推進27・40）。これは地域の労働
者需給に影響を与えるような大量の雇用変動に対して、職業安定機関
等が迅速かつ的確に対応を行えるようにすることを目的としたもので
す。

　同様のものとして、事業主には、離職する労働者に対する再就職援助措置（取引先企業等への就職あっせんや求人情報提供、求職活動のための有給休暇付与など）や労働組合の意見聴取状況等を記載した「再就職援助計画」の届出義務があります（労働施策推進24）。

　両者の違いは、大量雇用変動届は離職理由の特定が不要であるのに対して、再就職援助計画は離職の理由が事業の縮小等の経済的理由とされており、また、大量雇用変動届は労働組合等の意見聴取が不要なのに対して、再就職援助計画は、意見聴取が義務付けられており、さらに最も重要な違いは、労働移動支援助成金申請は、再就職援助計画提出に限られている点です（【28】参照）。

　国はこれに対して、労働者その他関係者に対する離職前からの雇用情報の提供、求人開拓、職業紹介、公共職業訓練機関における職業訓練を行う措置を講じることとされています（労働施策推進27）。

2　整理解雇と大量雇用変動届

　事業主が1に述べた大量雇用変動届を義務付けられているのは、整理解雇を行う場合が典型です。一般に整理解雇は、会社が経営不振など経営上の理由によって行われる解雇のことを意味しており、解雇の一種であることには変わりがないことから、「客観的に合理的な理由を欠き、その権利を濫用したもの」と評価される場合には、無効となります（労契16）。

　（整理）解雇が無効とされた場合、事業主が行った大量雇用変動届の効力はどのようになるのでしょうか。整理解雇の有効性判断は、あくまでも使用者と労働者間の雇用関係における私法上の効力に関することであり、他方事業主が行う大量雇用変動届は公法上の義務であることから、（整理）解雇が解雇時に遡って無効とされても、変動届の効力と直接の関連性はなく、しかも離職理由には、解雇のみならず、整

理解雇過程における労働者の（退職勧奨による）退職が多く含まれていることが通常であることから、その意味でも解雇無効と雇用変動届の効力とは直接の関連性はないのです。

　では、変動届が提出されていた場合、（整理）解雇の効力に影響を及ぼすことはないのでしょうか。それを次に見てみましょう。

3　整理解雇4要件（要素）

　整理解雇は経営悪化等の経営上の理由による人員削減のための解雇であり、解雇の理由が専ら使用者側の事情に求められるという点において他の解雇理由とは性格を異にし、一般に①人員削減を行う経営上の必要性、②十分な解雇回避努力、③被解雇者の合理性、④被解雇者や労働組合との間の十分な協議という、4つの観点から判断するという独特の枠組みが用いられています（こうした枠組みを明示的に採用する最高裁判決は存在しませんが、原判決の結論を支持し上告を棄却した例として、あさひ保育園事件＝最判昭58・10・27労判427・63）。

　近年の裁判例において、使用者による被解雇者に対する再就職の支援などの、解雇を前提とした不利益軽減措置の存在を、整理解雇の効力の判断においてどのように考慮するか等の点が問題になり、整理解雇の4要件（素）と大量雇用変動届との関連では、特に②と④が重要です。

　②に関しては、会社としては、解雇に踏み切る前に、配転や出向、一時帰休、希望退職の募集など、解雇以外の手段によって解雇を回避するよう努力しなければなりません。他にも、不要な資産の処分や人件費以外の経費の削減、役員報酬のカット、一時的な操業停止、残業規制、賃金カット、新規採用の停止などの措置を採るべきとされています。特に希望退職の募集については、これを行わないまま整理解雇が行われた事案で解雇回避努力が不十分だったと評価されやすくなる

ため、行っておくべきと考えられます（山田紡績事件＝名古屋高判平18・1・17労判909・5）。また、再就職支援措置や退職金の上積みなどの不利益緩和措置も、解雇回避措置と合わせて行っておくべきであり、これらを怠って解雇した場合は、解雇無効とされることがあります。

　④については、労働組合がない場合には労働者集会を開催したり、労働組合がある場合には組合との協議の場を設けたりして、経営状況や人員削減の必要性、解雇回避措置の状況、人選基準、解雇予定人数、整理解雇の実施時期などについて、可能な限り詳細に説明を行い、労働者側に理解してもらえるよう試みる必要があり（大村野上事件＝長崎地大村支判昭50・12・24労判242・14）、このような協議は、労働協約等に解雇協議条項が存在しない場合にも信義則の観点から必要とされています（日本通信事件＝東京地判平24・2・29労判1048・45）。また、労働組合の組合員でない労働者に対しても、整理解雇の必要性、具体的実施方法等について、十分に協議・説明し、理解を求める努力が必要とされており、これらを怠った場合には、②同様解雇無効とされることがあります。

アドバイス

　解雇の有効性判断は、あくまでも使用者と労働者間の雇用関係における私法上の効力に関することであり、他方事業主が行う大量雇用変動届は公法上の義務であることから、直接の関連性はないものの、変動届が提出されていた場合、解雇の効力に影響を及ぼすことがありますので、注意が必要です。

【28】　解雇無効となった労働者を支給要件とする労働移動支援助成金を受給していた場合は

 　　事業主が解雇無効となった労働者を要件とする労働移動支援助成金を受給していた場合は、どうなるのでしょうか。

A　　助成金の支給要件は、「申請事業主の事業所への復帰の見込みがないこと」とされていますので、「見込みがないこと」が明確になった場合には、助成金支給は維持され、他方、当該労働者が従前の職場への復帰をする場合には、支給決定は取り消され、助成金は返還することになります。

解　説

1　労働移動支援助成金制度とは

　労働移動支援助成金制度は、事業規模の縮小等により離職（解雇など）を余儀なくされる労働者の再就職実現を目的として、それを支援する事業主に対して助成金を支給するものであり、雇用保険の中の「雇用安定事業」として行われています（雇保62）。

　この制度には「再就職支援」と「早期雇入れ支援」の2種類のコースがあり、再就職支援コースでは、事業主が規模縮小に伴い離職する労働者の再就職支援のために民間の職業紹介事業に支援を委託し、再就職が実現した段階で、事業主に助成金を支給するもので、再就職支援措置、休暇付与支援措置、職業訓練実施支援の3つがあり、それぞれ対象労働者と助成金が異なりますが、再就職支援の場合、1人当たり上限60万円が助成されます。

　他方、早期雇入れ支援コースの場合、離職労働者を離職の日から3か月以内に雇用した事業主に対して助成金を支給するもので、通常コースでは1人当たり30万円、一定の基準を満たすことで優遇措置が受けられ（1人当たり80万円）、更に人材育成支援（職業訓練）を追加で行う場合、追加助成金（上限50万円）が各々事業主に支給されます。

2　対象労働者

　労働移動支援助成金制度の典型である、再就職支援コースの対象労働者は、以下の①〜⑦の全てに該当する者とされています（厚生労働省「雇用関係助成金支給要領」より）。

① 事業主の作成する「再就職援助計画」、又は「求職活動支援書」の対象者であること

　「再就職援助計画」では、労働者が勤務していた事業所における事業規模の縮小等（事業活動の縮小、事業の転換又は廃止を含みます。）を原因として、解雇、退職勧奨、希望退職応募等により離職を決定した労働者が対象です（原則として「常用労働者」が対象となりますが、雇用期間の定めのない週20時間以上のパート労働者や、3年以上引き続き雇用されて本人が更新を希望したにもかかわらず雇止めとなった有期雇用労働者などもこれに含まれます。）。

　また、「求職活動支援書」は、高年齢者等の雇用の安定等に関する法律17条に基づき解雇等により離職することとなっている45歳以上65歳未満の労働者のうち、再就職を希望する者に対して、事業主が講じようとする再就職援助の内容等を記載する書面をいい、事業主は求職活動支援書を作成・交付する前に、対象者に共通して講じようとする再就職援助の内容等を記載する「求職活動支援基本計画書」を作成し、管轄労働局に提出する必要があります。

② 申請事業主に雇用保険の一般被保険者又は高年齢被保険者として

継続して雇用された期間が1年以上であること（再就職支援の委託契約日、休暇付与支援の休暇初日、教育訓練施設等への委託契約日のそれぞれの前日時点で1年以上であることが必要）

③　申請事業主の事業所への復帰の見込みがないこと

④　再就職先が未定であること、又はこれに準ずる状況にあること

⑤　職業紹介事業者によって退職勧奨を受けたと受け止めている者でないこと

⑥　申請事業主によって退職強要を受けたと受け止めている労働者でないこと、すなわち、支給対象者が、申請事業主から退職勧奨（解雇の場合を含みません。）を受けて退職することとなった過程において、退職の意思がないのにもかかわらず、多数回・長期に及ぶ退職勧奨が行われたり、退職や著しい処遇低下以外の選択肢を与えられないなど、自由な意思決定が妨げられる状況に置かれて退職の合意を求められる者でないこと

⑦　職業紹介事業者に対する委託により行われる再就職支援を受けている者の場合は、当該職業紹介事業者の行う再就職支援を受けることについて承諾している者であること

3　支給決定

　上記助成金支給に関する管轄労働局長は、上記2記載の支給要件である支給対象者の該当の有無を確認することになりますが、本件では、解雇を争っている労働者が既に助成金を受給していたところ、解雇無効判決が確定したことにより、使用者の解雇通告は遡及して無効となることから（労契16）、本件助成金支給要件である、上記2③「申請事業主の事業所への復帰の見込みがないこと」の該当性が問題となります。

　この場合、管轄労働局長は、当該労働者に対して、従前の申請事業所職場への「復帰の見込み」の有無を確認し、「見込みがないこと」が

明確になった場合には、助成金支給は維持されて、支給決定が取り消されることはありません。他方、当該労働者が従前の職場への復帰をする場合には、支給決定は取り消され、助成金は返還することになります。

アドバイス

　解雇無効判決が確定したことにより、使用者の解雇通告は遡及して無効となることから（労契16）、本件助成金支給要件である、「申請事業主の事業所への復帰の見込みがないこと」の該当性が問題となり、「見込みがないこと」が明確になった場合には、助成金支給は維持されますが、当該労働者が従前の職場への復帰をする場合には、支給決定は取り消され、助成金は返還することになるので注意が必要です。

【29】　解雇期間中の他社での就労で得た賃金の控除は可能か

Q　　労働者が解雇期間中に他の企業などで働いて収入（中間収入）を得ていた場合、使用者は未払賃金からこの中間収入を控除できるのでしょうか。

A　　労働者が、解雇期間中他の使用者の下で就労して賃金（中間収入）を得た場合、中間収入が副業的であって解雇がなくても当然に取得し得るなど特段の事情がない限り、自己の債務（就労債務）を免れたことによって得た利益として、平均賃金の6割を超えた部分については使用者に償還すべきとされています。

解　説

1　他社での就労と賃金請求

　解雇が無効とされた場合、労使関係は存続していたことになり、使用者は本来は労働者を就労させて賃金を支払うべきであったのに、使用者（債権者）の責めに帰すべき事由により労働を不能にしたことになるので、原則として賃金支払を拒否できないことになります(民536)。この場合、労働者の労働義務の履行不能についての使用者の帰責性判断は、第1次的には違法な解雇をした使用者自身にあることから、労働者は現実の履行提供をしていなくとも、賃金請求権は失われることはありません。

　もっとも、労働者が他社で正規社員として就労することで、解雇された企業の就労意思を確定的に放棄し、客観的に見て就労意思や能力がないと判断される場合には、当該使用者の下での不就労の原因が違

法な解雇ではなく、労働者側の事情とされ、使用者の帰責事由による
就労不能ではないとして、労働者は賃金請求をできないことになりま
す。

　就労の意思の確定的放棄等の観点から、労働者の請求を棄却した例
として、ペンション経営研究所事件（東京地判平9・8・26労判734・75）（賃
金支払がない中、労働者が労働契約を解約し、在職中の賃金を請求し
た事案で、就労の意思がないことを理由に一部の期間の賃金請求を棄
却）（同旨：ユニ・フレックス事件＝東京地判平10・6・5労判748・117、ニュース
証券事件＝東京高判平21・9・15労判991・153、弁護士法人レアール法律事務所事
件＝東京地判平27・1・13労判1119・84など）があります。

　他方、請求が認められた事例として、みんなで伊勢を良くし本気で
日本と世界を変える人達が集まる事件（名古屋高判令元・10・25労判1222・
71）（他社で就労していたとしても、解雇が無効とされた場合には復帰
可能と認められるから、同社で就労する意思と能力を保持し続けてい
るとされた）、新日本建設運輸事件（東京高判令2・1・30労判1239・77）（他
社で就労し解雇前と同水準以上の給与としても、解雇された会社での
就労の意思を喪失したとは認められないとされた）などがあります。

2　解雇期間中の中間収入

　労働者が、解雇期間中他の使用者の下で就労して賃金（いわゆる中
間収入）を得た場合、判例は、中間収入が副業的であって解雇がなく
ても当然に取得し得るなど特段の事情がない限り、自己の債務（就労
債務）を免れたことによって得た利益として、これを使用者に償還す
べきとしつつ（民536②後段）、他方労働者は、労働基準法26条により平
均賃金の6割以上の休業手当を保障されているので、解雇期間中の賃
金についても、平均賃金の6割までの部分については利益償還の対象
にすることは許されないとしています（したがって、労働基準法12条

4項によって、平均賃金の計算から除外される賞与等は、全額償還の対象になります。）。その上で利益償還の対象となる部分については、便宜的に、償還請求の方法によらず、使用者が賃金から直接控除しても全額払の原則（労基24）に反しないとしています（米軍山田部隊事件＝最判昭37・7・20判時309・2、あけぼのタクシー事件＝最判昭62・4・2労判506・20、いずみ福祉会事件＝最判平18・3・28労判933・12など）。

　なお、この場合、ある期間を対象として支給される賃金から、それとは異なる期間内に得た収入を控除することはできないものとされています。

アドバイス

　労働者が、解雇期間中他社で就労して賃金（いわゆる中間収入）を得た場合、判例は、中間収入が副業的であって解雇がなくても当然に取得し得るなど特段の事情がない限り、自己の債務（就労債務）を免れたことによって得た利益として、平均賃金の6割を超えた部分については、使用者に償還すべきとしています。もっとも、労働者が他社で正規社員として就労することで、解雇された企業の就労意思を確定的に放棄し、客観的に見て就労意思や能力がないと判断される場合には、使用者の帰責事由による就労不能ではないとして、労働者は賃金請求をできないことになります。

【30】　解雇無効と自費診断等の扱いは

Q　　解雇無効の判決が言い渡されましたが、労働者が解雇されている期間中、自費診断等を受けていた場合、診療を受けた費用はどうなりますか。

A　　保険者から解雇期間中の自費診療費相当額が療養費として支払われ、一定の要件の下に傷病手当金の支給も受けられます。

解　説

1　自費診療の取扱い

昭和25年通達（昭25・10・9保発68）のとおり（【23】参照）、労働委員会又は裁判所が解雇無効の判定をし、かつ、その効力が発生したときは、当該判定に従い遡及して資格喪失の処理を取り消し、被保険者証を事業主に返付することになります。この場合において解雇無効の効力が発生するまでの間、資格喪失の取扱いのため自費で診療を受けた者に対して、療養の給付をなすことが困難であったものとして、その診療に要した費用は療養費として支給し、その他現金給付についても遡って支給するとともに保険料もこれを徴収することとしています。

2　傷病手当金

傷病手当金は、被保険者が病気やケガのため働くことができず、連続して3日（休日、公休、有給休暇を含みます。）以上仕事を休んで賃金支払を受けられない場合支給されるもので、支給額は1日につき標準報酬日額（同月額の30分の1）の3分の2の額で、支給期間は開始日か

ら1年6か月です（健保99）。したがって、解雇日以降に労働者が発症、負傷した場合、仮に解雇されておらず継続して勤務していれば傷病手当金を受領することができたはずであることから、発症後4日目から支給対象となります。なお、傷病手当金を受ける病気・ケガと同一の病気・ケガで、障害厚生年金を受けられる場合には、1年6か月の途中であっても傷病手当金の支給は打ち切られます（健保108②）。

　傷病手当金の受給権は、労務不能であった日ごとにその翌日から2年経過したときには、時効によって消滅します（健保193）。

【31】　解雇無効と生活保護費返還は

> Q　労働者が解雇後、生活保護を受給しながら争っていましたが、解雇無効判決で遡及して賃金支払を受けたところ、ケースワーカーから受給済みの生活保護費の返還を指摘されましたが、応じなければならないのでしょうか。

> A　労働者は、解雇が無効とされ遡って未払賃金の支払を受けた場合、これを原資として、これまでに支給された保護費を返還しなければなりません。

解　説

1　生活保護費の返還義務

　被保護者は、資力があるにもかかわらず生活保護を受けた場合には、保護に要する費用を支弁した都道府県又は市町村に対して、その受けた保護金品に相当する金額の範囲内において、保護の実施機関の定める額を返還しなければなりません（生活保護63）。

　費用返還の対象となる資力の発生時点に関して、通達（昭47・12・5社保196）は、第三者加害行為による補償金・保険金等の受領の場合、加害行為発生時点から被害者に損害賠償請求権が存するとして加害行為発生時点とし、また、返還額の決定に当たっては、損害賠償請求権が客観的に確実性を有するに至ったと判断される時点以後について支弁された保護費を標準として定めるとしています。

2　未払賃金の場合

　解雇が無効とされた際に遡って支払われる未払賃金については、判

（

決が確定するまでの間、必ずしも賃金債権が客観的に確実性を有するに至ったとは判断できない点があります。しかしながら、解雇期間中の賃金は本来、解雇期間中の生活費に充てられることが予定されているものであること、他方で、これらを費用返還の対象となる資力に含まれないとすると、労働者はその間の生活費を二重に得た結果となってしまいます。

　このような事情から、実際には、解雇期間中の未払賃金については費用返還の対象となる資力と解され（『生活保護手帳　別冊問答集　2021年度版』（中央法規出版、2021））、したがって、労働者は、解雇が無効とされ遡って未払賃金の支払を受けた場合、これを原資として、これまでに支給された保護費を返還しなければなりません。

3　返還額

　返還額について、生活保護法63条は「その受けた保護金品に相当する金額の範囲内において保護の実施機関の定める額」としており、必ずしも受け取った保護費の全額を返還すべきとはしていませんが、行政実務では、返還額については原則として、当該資力を限度として支給した保護金品の全額を返還額とすべきとされています（前掲問答集）。

　その上で、保護金品の全額を返還額とすることが当該世帯の自立を著しく阻害すると認められるような場合については、一定の範囲で本来の要返還額から控除して差し支えないとされており、例えば、当該世帯の自立更生のためのやむを得ない用途に充てられた額や、今後の生活設計等から判断して当該世帯の自立更生のために真に必要な額について、控除できるとされています。

　このような、世帯の自立更生のためのやむを得ない支出の具体例としては、当人の復職のために不可欠な物品等の購入に充てられた支出や、世帯員の就学や職業訓練等の費用が考えられます。

アドバイス

　労働者は、解雇が無効とされ遡って未払賃金の支払を受けた場合、これを原資として、これまでに支給された保護費を返還しなければなりませんが、その範囲については具体的事情の中で判断されることになります。

【32】　解雇無効と雇用保険・社会保険は

Q　　　解雇無効で復職する労働者が、使用者から未払の賃金等の支給を受ける場合、雇用保険や社会保険への影響はどうなるのでしょうか。

A　　　復職労働者は、解雇時に遡及して雇用保険に加入することになり、復職後6か月以内に離職するか否かで残業代等の算入が左右され、雇用保険の支給日額が変わることになります。健康保険、厚生年金保険の場合、解雇期間中の賃金算定は雇用保険以上により長期的な影響を受けることになります。

解　説

1　解雇無効と賃金等の遡及払

　解雇が無効とされた場合、労使関係は解雇前の状態に戻ることから、使用者は復職する労働者に対して未払賃金等を解雇時に遡って支払うことになり（【16】参照）、解雇前に残業代が恒常的に支払われている場合には、裁判例上一定程度の残業代も認められることが多い傾向にあります。

　もっとも通勤手当などは、原則として遡及払の対象となりませんが、それが名目にすぎず労働者の実費負担の有無や金額にかかわらず一律に支払われる場合には、労働の対価として遡及払の対象とされます（労基11、雇保4、昭23・2・20基発297）。

2　雇用保険

　復職労働者は、解雇時に遡及して雇用保険に加入することになり、労働者が復職後離職して基本手当等を受給する場合には、原則としてその金額は勤務年数や賃金日額などによって算定され、賃金日額（毎

年8月1日見直し）は、「最後の6か月間に支払われた賃金総額（賞与などを除きます。）÷180日」とされ、それに給付率（60歳未満50％－80％、60歳以上45％－80％）を乗じて算定されることになります（雇保16・17）。したがって、労働者が復職後6か月以内に離職するか否かで、解雇期間中の賃金に残業代等の算入が左右され、雇用保険の支給日額が変わることになります。

① 復職後6か月後に離職する場合…復職後離職前6か月の賃金についての額であり、当然のことながら残業代等が算入されたものとなります。

② 復職後6か月以内に離職する場合…離職前の期間に解雇期間中も含まれ、その間の残業代等が算入されない場合には、賃金日額が①よりも低額となります。

3　健康保険・厚生年金保険

　復職労働者は、解雇時に遡及して健康保険・厚生年金保険に加入することになり、標準報酬月額に一定の保険料率を乗じて算出されることになります。

　したがって、解雇期間中の賃金に残業代等が算入されない場合、保険料率が低く抑えられる反面、傷病手当金や年金支給額等も低くなることから、解雇期間中の賃金算定は雇用保険以上により長期的な影響を受けることになります。

アドバイス

　復職労働者は、解雇時に遡及して雇用保険に加入することになり、復職後6か月以内に離職するか否かで残業代等の算入が左右され、雇用保険の支給日額が変わることになります。健康保険・厚生年金保険は、解雇期間中の賃金算定は雇用保険以上により長期的な影響を受けることになります。

【33】　被解雇者の情報管理は

 　解雇した労働者の再就職先から、当該労働者に関する情報について照会があった場合、どこまで答えてよいのでしょうか。

　　　解雇された労働者の転職先は、採用時の提出書類を通じて情報取得が可能であり、在職中の事項はプライバシー権で保護されるので注意して対応すべきです。

解　説

1　解雇（退職）時証明

　解雇（退職）された労働者が、使用者に対し、使用期間、業務の種類、その事業における地位、賃金又は退職の事由（解雇の場合には解雇理由を含みます。）について証明書（退職証明書）を請求した場合には、使用者は遅滞なくこれを交付し（労基22①）、また、労働者が労働基準法20条1項の解雇予告の日から退職の日までの間に、解雇理由について証明書を請求した場合には、遅滞なくこれを交付しなければならず（労基22②）、使用者はこれらの証明書には、労働者の請求しない事項を記入してはなりません（労基22③）。ただし、解雇の予告がされた日以後に、労働者が当該解雇以外の事由により退職した場合においては、使用者は、当該退職の日以後、これを交付する必要はありません（このような場合、使用者は退職時の証明書を交付することで足りるため、解雇理由証明書の交付が不要とされています。）（労基22②ただし書）。

　特に解雇に関しては、解雇が恣意的になされることを防止するとと

もに、労働者が解雇を受け入れるか争うかを迅速に判断できるようにするという趣旨から出たものです。それとともに使用者は、あらかじめ第三者と謀り、労働者の就業を妨げることを目的として、労働者の国籍、信条、社会的身分若しくは労働組合運動に関する通信をし、又は労働基準法22条1項、2項の証明書に秘密の記号（いわゆるブラックリスト）を記入してはなりません（労基22④）。

　次に、労働者の死亡又は退職に当たって、権利者の請求があった場合には、使用者は7日以内に賃金を支払い、積立金、保証金、貯蓄金その他名称のいかんを問わず、労働者の権利に属する金品を返還しなければなりません（労基23）。したがって、例えば病院が看護師の他病院への移転を防止するために、看護師免許証を保管し退職時にそれを返却しないことは、この規定に違反することになります（医療法人北錦会事件＝大阪地判平6・4・18労判657・67）。

2　個人情報

　一般に使用者は、採用に際して応募者について最低限の個人情報を把握しておくことが必要であり、それは単に経営上の要請にとどまらず、家族手当、住宅手当など諸手当の支給決定、配転・出向に際しての個人的事情への配慮、労働者の健康への配慮など、労働者の権利・利益を実現するためにも必要な場合があります。

　もっともこの調査は、社会通念上妥当な方法で行われることが必要で、応募者の人格やプライバシーなどの侵害になるような態様での調査は慎まなければなりません（事案によっては不法行為となり得ます。）。また、調査の事項についても、企業が質問や調査をなし得るのは応募者の職業上の能力・技能や労働者としての適格性に関連した事項に限られると解すべきです。

　したがって、使用者が採用に当たって、特に労働者の健康をめぐっ

ては、使用者の健康配慮義務の履行に必要な健康診断、面接指導等と健康情報に関する労働者のプライバシー保護への要請が鋭く対立しますが、労働者の同意なしに健康診断などにより疾病その他の個人情報を収集することは違法であり、この場合、使用者はもちろん、場合によってはそれに協力して健康診断を実施した病院なども不法行為責任を問われます。

　例えば、労働者の承諾なしに本人の携帯番号を第三者に教えたことが不法行為とされた、新日本交通ほか事件（大阪地判平21・10・16労判1001・66）や、労働組合による労働者の個人情報の収集・管理・使用がプライバシー侵害とされた、ＪＡＬ労組ほか事件（東京地判平22・10・28労判1017・14）、ＨＩＶに感染した看護師の就労に関する方針を話し合うために、その情報を院内で伝達したことが個人情報の目的外使用に当たり不法行為とされた、社会医療法人Ａ会事件（福岡地久留米支判平26・8・8労判1112・11（福岡高判平27・1・29労判1112・5））などがあります。

3　個人情報の保護に関する法律

　平成15年に制定され数次にわたって改正された個人情報の保護に関する法律は、労働関係においても重要な役割を果たします。この法律は、顧客や労働者の個人情報（氏名、電話番号、住所等）を紙面やパソコンで名簿化して事業に活用している全ての事業者に対して、同法のルールに沿った個人情報の取扱いを求めています。

　したがって、使用者は個人情報を取り扱う際、利用目的をできるだけ特定すること（個人情報17①）、本人に通知すること（個人情報21①）、本人の同意なしに利用目的の達成に必要な範囲を超えて個人情報を取り扱わないこと（個人情報18①）、本人の同意なしに要配慮個人情報（人種、信条、社会的身分、病歴、犯罪歴など（個人情報2③））を取得しないこと（個人情報20②）、収集した個人情報を本人の同意なしに第三者に提供

しないこと（個人情報27）などを義務付けられ、さらに、本人が個人情報の開示（個人情報33）、訂正、追加、削除（個人情報34）、利用停止・消去（個人情報35）を要求したときに、それに応じるべきものとされています。

　使用者はこの法律に違反して労働者の個人情報を取り扱った場合、不法行為責任が追及されます。

アドバイス

　転職先からの照会対象となる、退職者（解雇者）に関する勤務状況等の情報は、使用者と退職者の間の労働契約の中で発生した情報であり、退職者のプライバシー情報になります。したがって、それについて、第三者である転職先から照会を求められても、退職者の同意なしに回答することはできません。退職者のプライバシー情報とまではいえない外形的事実に限って、回答することが許容されますが、在職期間、退職事由等は、外形的事実とはいいにくく、退職者からプライバシー侵害として、損害賠償請求（民415・709）される可能性があります。

【34】　解雇と団体交渉は

Q　　コロナ禍の営業不振を理由に数名の労働者を解雇したところ、労働者らが解雇の効力を争い、その後組合を結成して団体交渉を申し入れてきましたが、交渉に応じる必要がありますか。

A　　解雇された者が解雇を争ったり、退職後在職中の勤務条件について争っている場合、雇用関係が消滅したものとされず、「使用者」とみなされることがあります。

解　説

1　労使関係の終了、継続と使用者

　労働者が死亡したり、企業が解散等により消滅した場合には、労働契約は消滅しますが、労働者が解雇されたり退職しても、在職中の労働関係を争っていたり、新会社への就職が見込まれる場合などには、雇用関係は消滅したものとされず「使用者」とみなされることがあります。

2　「予定された」使用者

　労働者が雇用されることが法的若しくは事実上決定されている場合には、使用者となる予定の者が、就労開始前から責任を負うことがあります。

　例えば、派遣労働者が加入する組合が、受入企業である原告に直接雇用される前に団交申入れを行ったケースで、判決は「「使用者」は、労働契約関係ないしはそれに隣接ないし近似する関係を基盤として成

立する団体労使関係上の一方当事者を意味し、労働契約上の雇用主が基本的に該当するものの、雇用主以外の者であっても、当該労働者との間に、近い将来において労働契約関係が成立する現実的かつ具体的な可能性が存する者もまた、これに該当する。」とし、本件では「遅くとも本件団体交渉申入れが行われた同年2月28日、同年3月14日及び同月23日の各時点においては、原告は、近い将来においてクボタ分会の組合員らと労働契約関係が成立する、現実的かつ具体的な可能性が存する状態にあったものであり、当該時点において、労働契約関係ないしはそれに隣接ないし近似する関係を基盤として成立する団体労使関係上の一方当事者として、本件団体交渉申入れに応ずるべき労働組合法7条の使用者に該当していたものというべきである。」（クボタ事件＝東京地判平23・3・17労判1034・87（東京高判平23・12・21（平23（行コ）145）））としています。

3　「過去の」使用者

　労働者が解雇や在職中の労働条件などについて争っている場合などに、労働関係が実質的になお継続していると解されて「使用者」性が認められることがあります。例えば、労働者が在職中の石綿ばく露により健康被害を受けた可能性があるとして、退職後長期間（6～16年）経った後に労働組合に加入し、元使用者に団交を申し入れたケースで、判決は「使用者が、かつて存続した雇用関係から生じた条件をめぐる紛争として、当該紛争を適正に処理することが可能であり、かつそのことが社会的にも期待される場合には、元労働者を「使用者が雇用する労働者」と認め、使用者に団体交渉応諾義務を負わせるのが相当であるといえる。その要件としては、①当該紛争が雇用関係と密接に関連して発生したこと、②使用者において、当該紛争を処理することが可能かつ適当であること、③団体交渉の申入れが、雇用関係終了後、

社会通念上合理的といえる期間内にされたことを挙げることができ」、
「このような事情からすれば、A及びBが住友ゴム工業を退職してか
ら相当の期間が経過しているものの、その責をAらに帰することは酷
であり、石綿被害の特殊性を考慮すれば、社会通念上、合理的期間内
に団体交渉の申入れがされたと解するのが相当である。」（住友ゴム工業
事件＝大阪高判平21・12・22労判994・81（最決平23・11・10労判1034・98））と
しています。

アドバイス

　解雇された者が解雇を争ったり、退職後在職中の勤務条件について争
っている場合、雇用関係が消滅したものとされず、団体交渉を申し入れ
ている労働組合が、「使用者が雇用する労働者」の代表（労組7二）とさ
れ、「元」使用者は団体交渉に応じる義務を負うことになります。

参考判例

○日本鋼管鶴見造船所事件（東京高判昭57・10・7労判406・69）は、解雇から
　6年10か月経過後の団交申入れにつき、当該期間中も裁判所で解雇問題を
　争うなど問題を漫然と放置していたわけではないとして団交の申入れが
　時機に遅れたものとはいえないとした事例（最判昭61・7・15労判484・21）

【35】　事業譲渡と解雇無効は

　　他社から事業譲渡を受ける際、労働者の処遇につき注意すべき点は何でしょうか。

事業譲渡では、譲渡会社の労働者が譲受会社に承継されるか否かは、実務上原則として、譲渡会社と譲受会社の間に明示・黙示の合意がある場合に限り、労働契約が承継されるとされています。

解　説

1　事業譲渡と労働契約

　事業譲渡における権利義務の移転（承継）は、会社合併における包括承継とは異なり、譲渡人と譲受人の間での譲渡される事業に属する権利義務の個別的な承継であり、「特定承継」とも称されます。譲渡会社の労働者の雇用（労働契約）が譲受会社に承継されるか否かは、譲渡会社、譲受会社、労働者の三者間の合意によって決まることになり、実務上は、原則として譲渡会社と譲受会社の間に明示・黙示の合意がある場合に限り、労働契約が承継されるとされています(合意承認説)。

　例えば、事業譲渡に関する「覚書」では譲渡企業は解散し、譲受企業は改めて労働者を採用手続で採用することになっていたところ、採用拒否された労働者が争ったケースで、「営業の譲渡人と労働者との間の雇用契約関係を譲受人が承継するかどうかは、譲渡契約当事者の合意により自由に定められるべきものであり、営業譲渡の性質として雇用契約関係が当然に譲受人に承継されることになるものと解することはできない。」とした、東京日新学園事件（東京高判平17・7・13労判899・19）（最高裁で確定）があります。

2　労働者の全部又は一部を承継しない合意の効力

　譲渡企業と譲受企業との間で、労働者の全部又は一部を承継しないという合意がある場合については、実務上一般に次のような処理がなされています。

　(1)　譲渡企業と譲受企業との間に実質的同一性が認められる場合

　いわゆる「法人格否認の法理」(支配企業が、従属企業の法人格を濫用したり形骸化することによって責任を回避しようとしている場合に、従属企業の法人格を否認した上で支配企業の責任を追及する手法)や解雇権濫用法理等を用いて、譲受企業の雇用責任を認めることが一般的です。

　例えば宝塚映像事件(神戸地伊丹支決昭59・10・3労判441・27)では、譲受企業が「条理上法人格の異なることを主張し得ない」と判示しています(同旨:新関西通信システムズ事件＝大阪地決平6・8・5労判668・48など)。

　また、譲渡企業による労働者の解雇と、譲受企業における労働者の不採用という一連の過程について、解雇権濫用法理を類推適用して、解雇が相当と認められる事由が存在しない限り、譲受企業による労働者の採用拒否は許されず、「当該労働者と事業譲受人との間に、労働力承継の実態に照らし合理的と認められる内容の雇用契約が締結されたのと同様の法律関係が生じる」とした、東京日新学園事件(さいたま地判平16・12・22労判888・13)があります。

　(2)　譲渡企業と譲受企業との間に実質的同一性が認められない場合

　この場合、労働者の全部又は一部を承継しない合意は原則として有効とされますが、労働者排除の合意が不当労働行為や労働条件引下げなど不当な目的によってなされたことが明らかな場合には、事業譲渡に関する協定のうち、労働者不承継に関する部分のみを無効として、問題の解決が図られた例があります(勝英自動車学校〔大船自動車興業〕事

件＝東京高判平17・5・31労判898・16など）。

　また、事業譲渡に際して人員削減の目的をもって一定の労働者を承継しないこととする合意がなされた場合は、一種の整理解雇といえるので、整理解雇の要件が満たされるべきであるとされています（平28・8・17厚労告318（事業譲渡又は合併を行うに当たって会社等が留意すべき事項に関する指針を定める件））。

アドバイス

　事業譲渡は、会社の実質上の分割や合併、譲渡利益実現等多様な目的でなされますが、他方特定集団の労働者排除や労働条件引下げを意図してなされる場合もあり、いずれにせよこのような場合、労働者の地位の承継や従前の労働条件の維持など重要な法的問題となります。ＥＵ諸国では、指令とそれに基づく国内法によって、会社の事業部門等が他の会社に移転する際には、労使関係から生じる権利義務はそのまま承継されることが明記されているものの、我が国ではこのような規定が存しないことから、多くの紛争が生じてきているのです。

参考判例

○譲受会社が、労働者の組合所属を理由に不採用とすることは解雇に等しいとして、不当労働行為と判断した事例（中労委〔青山会〕事件＝東京高判平14・2・27労判824・17）

【36】　限定正社員（職種限定社員）の解雇は

Q　事業部門廃止により、ＳＥとして職種限定で採用した者を解雇しようかと検討していますが、当該労働者は他部門でもよいので働き続けたいと言っています。どのような対応が適切でしょうか。

A　職種限定社員であっても、いわゆる整理解雇4要件が適用されますので、解雇回避努力の一環として別部門への配置転換等を検討する必要があります。

解　説

1　限定正社員

　勤務内容や場所等を限定するいわゆる「限定正社員」制度の広がりは、当初は雇用の分野における男女の均等な機会及び待遇の確保等に関する法律への対応をめぐって、女性労働者の中で、転勤を予定する労働者（男性と同じ）と転勤を予定しない労働者に分ける「コース別雇用制度」の導入がきっかけとなり、その後平成24年の労働契約法改正で、5年超え継続の有期契約労働者に対する無期契約への転換権付与（労契18）や、平成30年の短時間労働者及び有期雇用労働者の雇用管理の改善等に関する法律の改正による有期・無期労働者間の不合理な労働条件の格差是正規定の強化（短時有期8）等を契機として、企業の中で正社員の種類を多様化し、キャリアコースや待遇にグラデーションを作るという、いわゆる「多様な正社員」の進展が背景となっているといえます。

2　整理解雇

(1)　整理解雇の特徴

　経営上の理由による解雇（いわゆる整理解雇）の最大の特徴は、その原因が労働者側にはなく、専ら使用者側にあることです。経営上の困難に陥った企業が、一定数の労働者を解雇することが最終的には避けられないとしても、責任のない労働者に甚だしい犠牲を強いることは信義則に反し、解雇は可能な限り避けられるべきであり、判例はこれまでそうした発想に基づいて、整理解雇の有効性について4要件（要素）と呼ばれる独自の判断枠組みを形成してきました。

　もっとも、整理解雇においては、相当数の労働者が同時に解雇される場合が多く、社会的にも大きな影響が生じることから、使用者は、大量の雇用変動が生じる場合に、事前に厚生労働大臣に届け出ることを義務付けられています（労働施策推進27①）が、それは雇用促進政策との関係で設けられた公的義務にすぎず、解雇を法的に制約するものではありません。

(2)　判例における4要件（要素）

　判例は、整理解雇について、①人員整理の必要性があること、②解雇回避努力が尽くされたこと、③被解雇者の人選基準とその適用が合理的であること、④労働組合若しくは被解雇者と十分協議したこと、という4つの判断基準を確立してきており、通常はこの4つの要素に即して整理解雇の効力を判断しています。

　整理解雇も解雇の一種であり、その合理性を基礎付ける事実については使用者側が証明責任を負うべきであることから、上記①から③までについては使用者が主張立証責任を負い、④に関わる手続の不備について労働者が主張立証責任を負うとされています。

3　解雇回避努力義務

　整理解雇で特に問題となるのは、人員削減の手段として整理（指名）解雇を選択することの必要性であり、一般に使用者は、配転、出向、一時休職、希望退職の募集など、解雇以外の他の手段によって解雇回避の努力をする信義則上の義務を負うとされており、これらの手段を試みずにいきなり整理解雇の手段に出た場合、例外なく解雇権の濫用とされています（あさひ保育園事件＝最判昭58・10・27労判427・63）。もっとも、具体的手順や手段は企業規模や経営状況などを総合的に判断することになり、例えばナスダック上場のベンチャー企業が4期連続赤字となり、不採算部門の労働者に希望退職募集をし、応じない者を整理解雇する一方、社長報酬1億7,000万円（役員数名で合計3億円）はそのままにして、被解雇者については100万円に満たない退職金しか提供しなかったケースで、解雇回避義務が足りないとして無効と判断された日本通信事件（東京地判平24・2・29労判1048・45）があります。また、経費削減策に協力の用意ありとして学校の収支状況の説明を求める組合との協議をしないで、退職募集・解雇を強行したケースでは、組合と協議していれば賃金削減などの人件費削減策を策定できたかもしれないとして、解雇回避努力が不十分とされた泉州学園事件（大阪高判平23・7・15労判1035・124）などがあります。

4　限定正社員と整理解雇

　職種限定や勤務地限定社員の場合、解雇回避努力として、配置転換を検討することは不要であるのか、あるいは、配置転換を強制することはできないとしても、任意に配置転換に応じるかどうかの打診をすることが求められるのかが問題となります。

　裁判例の中には、労働者が辞典編纂業務を目的として雇用されたことのみを理由として、解雇回避努力の前提を欠くと判断し、配置転換

の検討は不要とし解雇有効としたものがありますが（角川文化振興財団事件＝東京地決平11・11・29労判780・67）、職種限定の労働者が、職務内容にこだわっていない場合はもとより、職務の遂行に困難が予想される場合であっても、当該労働者と協議して配置転換の可能性を検討すべきであり、検討なしに整理解雇を行うことは無効であると判断した社会福祉法人仁風会事件（福岡地判平19・2・28労判938・27）や、労働者が就いていたポジションが消滅したため、使用者が別のポジションへの配転を提案するとともに、当該労働者への当面の生活維持及び再就職の便宜のための金銭的な配慮・援助を行っていることを、整理解雇の合理性・相当性の判断において重視した、ナショナル・ウエストミンスター銀行〔3次仮処分〕事件（東京地決平12・1・21労判782・23）があります。

　解雇回避努力は、使用者が労働契約上の権限に基づいて一方的に行うことができる措置に限定されたものではなく、労働者に大きな生活上の打撃を与えかねない解雇を行う前提として、使用者に広く求められる努力・配慮であり、したがって、労働契約上職種や勤務地が限定された労働者に対しても、労働契約上の限定範囲を超えた配転や出向を提案することを含めて、できる限りの解雇回避努力を行うことが使用者には求められます。本件では、職種が限定されている社員を他部署に配置転換できる可能性を検討した上、その可能性があるのであれば、それを打診して説得を行い、併せて退職金の上乗せでの退職も打診する等して、でき得る限りの解雇回避努力を尽くすべきです。

第 4 章

解雇の撤回・無効後
の合意退職

第1　手続上の留意点

【37】　解雇を争った労働者の退職合意書を作成する際の留意
　　　点は

 　　解雇を争った労働者との退職合意書作成に際して、ど
　　のような点に留意したらよいでしょうか。

A 　　退職合意書は、離職理由、離職日、賃金・退職金等の
　　支払、口外禁止条項、再就職先からの職歴照会に対する
労働者のプライバシー配慮等に留意すべきです。

解　　説

1　合意解約

　解雇を争っている労使双方が、「合意解約」をすることがしばしばあ
りますが、これは法的には争いをやめる合意である「和解」(民695)(和
解は、当事者間が互いに譲歩をしてその間に有する争いをやめること
を約することによってその効力を生じます。) の一種であり、合意解約
がなされると、一般に「使用者は、○月△日付けの (懲戒) 解雇を撤
回し、双方は、□月×日付けで合意解約したことを相互に確認する」
旨の退職合意書が作成されることになります。

　合意解約は、就業規則等の規定にかかわらず、労使双方が同意した
条件で退職したものと取り扱われるところに特徴があります。すなわ
ち、(任意) 退職の場合、労働者は、2週間の告知期間を置くことによ
り、「いつでも」(「理由」を要せず) 退職できますが (民627①) (月給制
の場合には、月の前半に翌月についての解約の申入れをしなければな

らないとされています（民627②）。）、通常は会社の就業規則等による退
職手続に沿って行われることになり、労働者側も退職に当たっては、
使用者に対して事務の引継ぎ等で不測の損害を与えないようにする信
義則上の義務があり、したがって、即時退職して出勤しない場合、損
害賠償責任が生ずることがあり得ます（2週間の告知期間を置かない突然の
退職につき、労働者の損害賠償責任を認めた裁判例として、ケイズインターナシ
ョナル事件＝東京地判平4・9・30労判616・10）。

　しかしながら、合意解約の場合、このような任意退職における制限
に関わりなく雇用関係が終了し、労働者にとっては再就職や経歴、解
雇を争う期間等、また使用者にとっては解雇に伴う種々の法的規制（労
働者が事後的に効力を争うか否か、解雇予告手当を請求し得るか、退
職金請求の可否など）を回避し得るメリットがあり、大きな違いが出
てくることになります。

2　合意解約の注意点

(1)　解雇予告手当

　合意退職は解雇ではないため、解雇予告手当支払（労基20）は、そも
そも問題となりません。

(2)　離職理由

　離職理由を「自己都合」にするか、「会社都合」にするかについて、
会社側にとっては手続上どちらでも差はないものの、労働者にとって
は、失業給付の受給可能期間や就職活動に大きな影響を与えるので、
可能な限り労働者の意思を尊重すべきでしょう。もっとも労働者にと
っては、会社都合の場合、早く失業給付を受けることができるという
メリットがある反面、転職の際に再就職先からあれこれと質問される
等のデメリットもあり得ますが、いずれにせよ労働者の意思を第一に
すべきでしょう。

(3)　退職日

退職日をいつにするかは、その間の未払賃金支払や社会保険、税金等をめぐり種々の問題が発生しますので、【38】で検討します。

(4)　税金等

退職金又は解決金の支払をする場合には、所得税の軽減措置の手続を定める必要があります。

会社が「中小企業退職金共済」や「特定退職金共済」、「企業年金基金」等に加入している場合、これらの掛金納付や遡及加入手続、受給手続について合意しておく必要があります。

会社によっては、福利厚生の一環として労働者持株制度を導入している場合、退職に際して買い取る旨規定していることがあり、有給休暇の買取りを交渉で決めることもありますので、確認が必要です。会社が再就職支援サービスを無償提供している場合には、利用内容を確認する必要があります。

(5)　口外禁止条項

和解内容を口外しないことを約する口外禁止条項を入れる場合、トラブルを防ぐために、「正当な理由」（法定で証言する場合など）を除外する旨を明記するとよいでしょう。

(6)　職歴照会に対する対応

退職した労働者は、多くの場合は再就職することになるため、その際、再就職先などから会社に対して職歴照会がなされることがありますが、退職時証明をする場合は、再就職妨害を目的としたいわゆるブラックリストを記入することは禁止され（労基22）、また個人情報の保護に関する法律でプライバシー保護がなされています。解雇や紛争の経緯によっては、労働者は会社から再就職を妨害されるのではないかと不安を感じることがありますので、退職合意書には次のような条項を加入すべきです。

　会社は、退職労働者が再就職を希望する会社等より職歴照会を受けた場合、当該労働者の入社日、退社日、所属部課、役職名のみを答えるものとし、労働者の人事考課を開示したり、本件紛争の存在をほのめかすなど当該労働者の再就職を妨害する言動をしてはならない。

アドバイス

　退職合意書では、離職理由として「自己都合」か「会社都合」によって失業給付に相違があり、退職日をいつにするかは、未払賃金や対社会保険、税金との関係で極めて重要です。また、口外禁止条項や職歴照会に対する対応等、関係者のプライバシーにも配慮が必要です。

【38】　和解による退職の合意後、退職日を決定する際の留意点は

 　　退職合意における退職日を決定する際の留意点は、どのようなものでしょうか。

 　　合意和解における退職日は、和解成立日とする場合と、解雇通告日とする場合で、社会保険や未払賃金、税金支払との関係で大きな違いが出てきます。

　解　　説

1　合意解約と退職日

　和解による退職の場合、退職日をいつにするかは大きな問題であり、一般的には①和解成立日を退職日とする場合と、②解雇通告日を退職日とする場合があり、①の場合は社会保険や未払賃金の処理等を明確にする必要があり、②の場合は社会保険（特に厚生年金）の支給に関して、労働者にとって不利益となりますので、慎重な検討が必要です。

2　和解成立日を退職日とする場合

（1）　未払賃金の支払（社会保険、税金等の控除）

　未払賃金は、解雇日の翌日から復職日の前日までの期間が対象となり、解雇期間中に支払われるべきであった賃金の総額を確認し、その場合、賞与や手当等も対象とするか否かの確認が必要です。この場合、会社は便宜のために、社会保険料の労働者負担分及び税金を賃金から控除することができ、労働者は納入済みであることを明らかにするために、対象となる社会保険及び税金の範囲を明記しておくべきです（賃

金から控除する金額を事前に確認して支払額を確定しておくことにより、仮に和解条項違反（不払）があった場合には、強制執行することが可能となります。）。

　なお、労働者が40歳以上の場合には、介護保険料も徴収する必要がありますので忘れないようにしましょう。

　和解成立前に、社会保険料及び税金の額が明らかでない場合、例えば次のような書き方で決めておくとよいでしょう。

1　会社は労働者Aに対し、解雇日の翌日から和解成立日までの未払賃金として、400万円の支払義務があることを認める。
2　会社は労働者Aに対し、前項の金員から負担すべき健康保険料、厚生年金保険料及び雇用保険料並びに源泉所得税を控除した残額を、○○年△月×日限り、労働者Aの指定する口座に振り込んで支払う。ただし、振込手数料は会社の負担とする（この場合、確定金額の表示がなく強制執行はできませんが、やむを得ないでしょう。）。

　解雇に伴って、労働者に対し解雇予告手当や退職金、賃金仮払の仮処分命令に基づく仮払金が支払われている場合、次のような合意をするとよいでしょう。

　会社と労働者Bは、会社が解雇日以降本日までに労働者Bに支払った解雇予告手当名目の金員、退職金名目の金員及び仮処分命令に基づき支払った仮払金を、解雇日の翌日以降和解成立日までの労働者Bの未払賃金に充当することに合意する。

　ちなみに、退職金名目の金員の支払の際に所得税が源泉徴収されている場合などには、徴収税額についても確定する必要が生じてきます。

(2)　被保険者資格喪失届の取消手続及び喪失手続
　会社には、解雇によって喪失した労働者の被保険者資格を回復する

手続をとる義務がありますので、一旦喪失手続を取り消し、新たに和解日を退職日（離職日）とする喪失手続をとり、双方共にその間の被保険者期間の保険料を納付する義務があります。

3　解雇通告日を退職日とする場合

　退職日を解雇通告日と同じにした場合、2に述べた未払賃金や社会保険手続の問題は生じませんが、労働者にとっては社会保険に遡及加入できないという不利益がありますので、特段のことがない限りこのような解決はなされないのが一般的です。

　これを採用する場合、未払賃金や社会保険受給に関する労働者にとっての不利益は、解決金（和解金）によって処理することになります。すなわち、解雇日に退職するため、解雇を争っていた期間中の賃金相当額などは「解決金」名目で受け取ることになり、社会保険に遡及加入することはできません。税金については、解決金名目でも実質は「退職金」であるとして、課税されることがあるので注意が必要です。

アドバイス

　和解成立日を退職日とする場合、未払賃金や社会保険手続、税金の控除の確認を行う必要があり、他方、解雇通告日を退職日とする場合には、そのような問題は発生せず、解決（和解）金支払で一括処理することになりますが、社会保険受給上の不利益等があることから、和解成立日を退職日とするのが合理的です。

【39】 解決金の支払により退職を促す場合の留意点は

 　労働者に解決金を支払うことにより退職を促す場合、
どのようなことに留意すべきでしょうか。

　　　解決金支払の際には、解雇予告手当、損害賠償として
の逸失利益・慰謝料のほか、退職金との差額に加えて社
会保険・税金の支払が問題となります。

　解　説

1 「解決金」支払

　解雇を争っている労働者との間で、使用者が一定の解決金（和解金）
を支払って解決を図ることは、労働者が復職を求めず金銭によって解
決を図る意思が強い場合に最もふさわしい解決手段であり、その前提
として次の2つの可能性をそれぞれ検討することになります。

① 　労働者が⑦復職を希望しているか、④復職を求めず金銭請求を希
　望しているか。

② 　使用者の解雇通告が⑦権利濫用として無効とされる可能性が高い
　か、④無効とされる可能性が低いか。

　①に関しては、労働者が④を求めている場合には有効な手段ですが、
⑦を求めている場合には、使用者は解決金支払とともに過度な退職勧
奨をした場合には、退職強要として違法とされる場合があります。ま
た、使用者が労働者に対して、退職勧奨をする目的で過度な解決金支
払を余儀なくされることもあり、いずれも合理的な選択ではないので
注意が必要です。

②に関しては、当然のことながら合意退職による解決金は、①よりも⑦が高くなることを前提に交渉することになります。

2　「解決金」で考慮される要素

(1)　解雇予告手当

解雇予告義務違反の解雇の場合、使用者は解雇予告手当支払に加えて、訴訟になっている場合には、それと同額の付加金を労働者から請求されることがありますので、注意が必要です。

(2)　損害賠償請求

逸失利益と慰謝料支払が検討対象となります。

逸失利益は、労働者が違法な解雇や退職強要等により退職に追い込まれなければ、当該企業での勤務を継続することで得られたであろう賃金相当額であり、特に近年ハラスメントにより退職に追い込まれたケースで認められるようになり、最近では態様が悪質な場合、6か月を超える逸失利益を認める裁判例も出始めているので、その点も含めて検討する必要があるでしょう。

慰謝料は、違法な解雇、退職強要等により労働者に精神的損害が発生し、不法行為の要件を満たす場合には認められることがあります。ただし、解雇が違法・無効と判断されても、慰謝料請求権を容認するほどの違法性がない（不法行為が成立しない）として、慰謝料請求を認めない裁判例も少なくなく、ケースバイケースです。なお、解雇無効と共に、慰謝料が認められることがありますので、これらを総合的に考慮する必要があります。

(3)　退職金との差額

労働者が解雇や退職勧奨等で離職した場合、自己都合による退職金支払が大半であり、このような場合、解決金として会社都合の退職金との差額を労働者から請求されることがあります。

3　解決金支払と労働者の社会保険、税金等との関連

　解決金支払が各保険料や税金、各給付額に影響することがあります。名目にかかわらず、受け取った金員が実質的に賃金としての性質を有する場合は、雇用保険料・社会保険料・税金の対象になり、これらの算定の基礎となる賃金額によっては、保険料等支払に変動が生じます。他方、実質的に賃金としての性質を有しない場合は、各保険料を支払わないで済む一方で、その後に退職した場合の失業保険の給付額や年金額に影響が生じることになるので、あらかじめ検討しておく必要があります。

　ただし、実質が賃金としての性質を有するにもかかわらず、会社が解決金名目での支払をし、賃金として扱わないことがしばしばあります。この場合、労働者にとっては、本来受け取れるはずの労働保険、社会保険の給付額が低くなることがあり、これらの解決金支払があらかじめ賃金か否かを明確にしておく必要があります。

アドバイス

　解決金支払の対象として、解雇予告手当、逸失利益、慰謝料に加えて、退職金との差額支払の必要が出てくることがあり、さらに解決金と社会保険との関連等を明確にする必要もあります。

【40】　解決金名目で金員を支払う場合の税務上の留意点は

合意解約で解決金を支払う場合の税務上の留意点はどのようなものでしょうか。

解決金支払は、課税上、退職所得、給与所得、一時所得、非課税とされる場合があり、それぞれ税率が異なります。

解　説

1　所得税法上の所得区分

退職により会社から労働者に支払われる金員は、原則として退職所得（所税30）に該当することになりますが、支払の原因となる和解条項に記載された事実関係の相違により、以下に述べるとおり、所得税法上、退職所得、給与所得（所税28）、一時所得（所税34）、非課税（所税9）と判断される場合があり、それぞれで税率が異なります。

2　給与所得に該当するケース

給与規程の適用誤りや賃金の不払など、過去の給与の未払と認められる場合は、給与所得として課税されます。給与所得の収入とすべき時期は、現実に受け取った年の給与所得ではなく、①契約又は慣習等により支給日が定められている場合は、その支給日、②支給日が定められていない場合は、その支給を受けた日とされています（所基通36－9(1)）。

したがって、和解条項において過去の賃金の不払に相当する金員を受け取ることを定めた場合には、実際に支払を受けた日ではなく、賃

金の支払を受けるべき日の給与所得となるので注意が必要です。この場合、会社が給与として源泉徴収義務を負います。

3　退職所得に該当するケース

　退職所得は、本来退職しなかったとしたならば支払われなかったもので、退職金規程などに基づく通常の退職金、早期退職制度による付加的な退職金、人員削減のために行われた退職勧奨による退職に応じる割増退職金などが該当します。この場合2と同様、会社が源泉徴収義務を負います。

4　一時所得若しくは雑所得に該当するケース

　和解条項において「解決金」とのみ記載し、未払となっていた給与の精算や退職金であることが明記されていない金員、すなわち労働者が解雇を受け入れる和解のための金員と認められる場合には、一時所得若しくは雑所得に該当します（所税34・35）。一時所得は、給与所得、退職所得、利子所得、配当所得等以外の金員であり、①営利を目的とする継続的行為から生じた所得以外の一時の所得で、②労務その他の役務又は資産の譲渡の対価としての性質を有しないもののことです。この場合、労働者自身が事業所得など他の所得と合算して確定申告する必要があります。

5　非課税所得に該当するケース

　和解条項において、ハラスメントなどが認められ、心身を害した場合において支払われる損害賠償金とされている金員は、所得税法9条1項18号に定める「心身に加えられた損害につき支払を受ける慰謝料その他の損害賠償金（その損害に起因して勤務又は業務に従事することができなかったことによる給与又は収益の保障として受け取るものを

含む。）」(所税令30) に該当し、非課税所得となり、申告も原則として不要とされています。

6　所得区分による課税の相違

　非課税所得に該当する場合には、所得税や住民税等が全く課税されないことはいうまでもないことですが、給与所得、退職所得、一時所得のいずれに該当するかにより、所得税額や住民税額に差が生じます。

　(1)　給与所得に該当する場合

　給与収入金額に対応した給与所得控除額を控除した金額を総所得金額に算入することになります。

　(2)　退職所得に該当する場合

　勤務期間に応じた退職所得控除額を控除した後の金額を2分の1にした金額につき、他の所得とは分離して累進税率を適用することになります。

　(3)　一時所得に該当する場合

　その収入金額から一時所得を得るために支出した金額を控除し、そこから特別控除額（最高50万円）を控除し、それを2分の1にした金額を総所得金額に算入することになります。

　このように、いずれの所得に該当するかによって税負担が異なりますので、和解条項の記載の際には、十分に注意して事実関係に基づいた和解条項にしましょう。

アドバイス

　合意解約により解決金を支払う場合、和解条項記載の事実関係の相違により、税務上、退職所得、給与所得、一時所得、非課税とされることがあり、それぞれ税額も異なりますので注意が必要です。

【41】　解雇を争った労働者の退職金を算定する際の留意点は

> **Q**　解雇を争った労働者につき、合意退職により支払う退職金の算定をする際に留意すべきことは何でしょうか。

> **A**　退職金は退職事由（自己都合か会社都合か）や、解雇事由（懲戒事由の有無など）によって額に相違が出てくるので、原則としてこれらを反映した算定が必要です。

解　説

1　退職金

　退職金は、就業規則、労働協約、労働契約若しくは労使慣行に基づいて、支給基準とともに制度化されているのが通常であり、労働基準法は、退職金の定めをする場合には、その具体的内容（適用される労働者の範囲、退職金の決定・計算支払方法、支払時期）を就業規則に明記することを使用者に義務付けています（労基89三の二）。このように退職金が制度化され、支給基準が明確になっている場合には、労働者は退職という事実を停止条件ないし不確定期限として、退職金請求権を持ちます。そして、この場合の退職金は労働基準法11条にいう「賃金」と解されるので、労働基準法24条1項が適用され、使用者は退職金を原則として通貨で直接労働者にその全額を支払うことを義務付けられます。

　退職金は、通常、労働者の勤続年数とともに増額するよう設計されており、そのことからすれば、退職金は本来定期的に支払われるべき賃金が退職時に一括して支払われる（賃金後払）ものと見ることができきます。

　本件のように、解雇を争った労働者に対する退職金支払の有無や支給額については、原則として上記のような事情を考慮して判断がなされることになります。

2　退職事由と退職金

　一般に、退職金の支給基準は、他の条件が同一であれば、自己都合退職、定年退職、会社都合退職の順に高くなり、また、人員削減のために、本来の会社都合退職金に更に上積みをして、希望退職（早期退職）が募集されることも多くあります。他方、懲戒解雇（懲戒免職）の場合には、通常の退職・解雇（分限免職）の場合に支払われるはずの退職金が全く（ときには部分的に）支払われないことが多くなります。

　こうした規定を前提とした場合、労働者の退職に当たってどの規定が適用されるべきかは、実質的に判断されなければなりません。例えば、使用者が賃金を支払わないので労働者がやむを得ず自ら退職したという場合や、使用者に退職を促され若しくは強要されて退職した場合などには、会社都合による解雇（退職）として計算された退職金（若しくはそれと同額の損害賠償）の請求が認容されています。また、懲戒解雇の通告後に労働者がやむを得ず退職した場合や、労働者が任意退職の意思表示をした後に懲戒解雇された場合に、労働者がいかなる計算基準による退職金を請求し得るかは、懲戒解雇が有効かどうかによって決まります。

　このように、退職金額の基準は退職事由によって差がつけられていますが、さらに解雇の場合、解雇事由が労働者側にあるか使用者側にあるかで異なり、労働者側にある場合には退職金額は低くなり（場合によっては不支給もあり）、使用者側にある場合には退職金は高くなるのが通常であり、これらを考慮しつつ決めていくことになります。

3　特定受給資格者と退職金

　なお、雇用保険の「特定受給資格者」は、労働者が非自発的な退職を余儀なくされた場合に、一般離職者よりも給付日数を多くするものであり、解雇を争った場合の合意退職に際して、退職金支給の参考になるでしょう。

○特定受給資格者の範囲（概要）（雇保23②二、雇保則36）
　「解雇」等により離職した者とは、主に次のような者です。
① 　解雇（重責解雇を除きます。）により離職した者
② 　賃金（退職手当を除きます。）の額を3で除して得た額を上回る額が支払期日までに支払われなかった月が引き続き2か月以上となったこと等により離職した者
③ 　離職直前3か月間に、労働基準法に基づき定める基準に規定する時間（各月45時間）を超える時間外労働が行われたため、又は事業主が危険若しくは健康障害の生ずるおそれがある旨を行政機関から指摘されたにもかかわらず、事業所において当該危険若しくは健康障害を防止するために必要な措置を講じなかったため離職した者
④ 　期間の定めのある労働契約の更新により3年以上引き続き雇用されるに至った場合において、当該労働契約が更新されないこととなったことにより離職した者
⑤ 　上司、同僚等からの故意の排斥又は著しい冷遇若しくは嫌がらせを受けたことにより離職した者
⑥ 　事業主から直接若しくは間接に退職するよう勧奨を受けたことにより離職した者
⑦ 　事業所の業務が法令に違反したため離職した者　など

（参考：厚生労働省「基本手当について」）

アドバイス

　退職金は退職事由（自己都合か会社都合か）や、解雇事由（労働者の非違行為や能力喪失、使用者側の経営上の都合など）によって額に相違が出てきますので、これらを反映した算定が必要です。

【42】　労災給付と損害賠償との調整（損益相殺）は

Q　労働者の労災請求が認められて、休業補償給付及び休業特別支給金が支給され、その後事業主を相手として損害賠償請求が提起されて、和解が成立し、合意退職することになりましたが、その際の留意点は何でしょうか。また、障害厚生年金を受給している場合はどうでしょうか。

A　労働者が事業主に対する損害賠償請求権を有する場合、それと労災保険給付との調整が問題となります（損益相殺）が、厚生年金（障害厚生年金を含みます。）、国民年金、共済組合、労災保険等からの給付金など、財産的損害に限られ、慰謝料は調整の対象とはなりません。

解　説

1　労災補償と損害賠償の調整（損益相殺）

　労災や職業病が「業務上」の災害・疾病と認定されれば、労働者災害補償保険法に基づいて一定の給付がなされますが、被災労働者は、さらに事業主を相手方として損害賠償請求訴訟（労災民訴）を提起することができます。この場合、労働者が事業主に対する損害賠償請求権を有する場合、それと労災保険給付との調整が問題となります（損益相殺）。

　厚生年金（障害厚生年金を含みます。）、国民年金、共済組合、労災保険等からの給付金は、ほとんどは損害の填補が目的となっていますから、損益相殺の対象になります。ただし、労災保険の特別支給金（休

業特別支給金・障害特別支給金・傷害特別年金・遺族特別年金）につ
いては、被災労働者の福祉を目的としており、代位取得の規定もない
ことから損益相殺は認められないとする最高裁判例があります（コッ
ク食品事件＝最判平8・2・23労判695・13）。

　なお、雇用保険法に基づく給付も、損益相殺の対象にはなりません。

　調整対象は、財産的損害に限られ、慰謝料は調整の対象とはなりま
せんので（山崎鉱業所百々浦炭抗事件＝最判昭37・4・26民集16・4・975）、障害
補償一時金及び休業補償金を控除することは許されません（費目間流用
の禁止。東都観光バス事件＝最判昭58・4・19労判413・67）。

　具体的な調整の場面としては、労働者が労災保険給付を受けた場合
には、当分の間、事業主は一定の限度で民法上の損害賠償責任を免れ
ることから（労災附則64①参照）、労災民訴において、既に受給した保険
給付相当額については、事業主から損益相殺の抗弁が出されることが
予想されます。

　また逆に、労働者が事業主側から損害賠償を受けた後に労災保険の
請求をする場合、労災保険給付は一定の割合で支給制限を受けます（労
災附則64②参照）。

2　和解条項

　損害賠償請求訴訟において、労働者と会社側とが和解することとな
った場合には、労働者が受給する和解金は、既に受給した休業補償給
付の過去分を除く金銭である旨を明記し、障害補償年金を受給してい
る場合には、過去分及び将来分を除く金銭である旨を明記しておく必
要があります。また、和解金の名目については「解決金」としておき、
労災保険給付とは異なる趣旨であることを明確にしておくべきです。

＜和解条項＞

1　被告（会社）は原告（労働者）に対し、本件に関する一切の解決金として、労働者災害補償保険法、厚生年金保険法、国民年金法に基づく過去及び将来の給付金並びに被告から原告に対する既払金とは別に、金○○○円の支払義務があることを認め、令和△年×月□日限り原告口座に振り込んで支払う（振込手数料は被告の負担とする。）。
2　原告及び被告は、本件和解が労災保険等における支給に一切影響を及ぼさないことを相互に確認する。
3　原告及び被告は、本件和解に定めるもののほか、何らの債権債務が存しないことを相互に確認する。

アドバイス

　和解金の名目については「解決金」としておき、労災保険給付とは異なる趣旨であることを明確にし、既に受給した休業補償給付の過去分を除く金銭である旨を明記し、障害補償年金を受給している場合には、過去分及び将来分を除く金銭である旨を明記しておく必要があります。

【43】　私傷病による休職期間満了後に退職する労働者の未払被保険者負担分は

Q　　私傷病休職中の労働者が、休職期間満了により退職することになりましたが、休職期間中の社会保険料被保険者負担分を滞納したため、退職合意の際、未回収分について労働者の退職金から一括控除することは可能でしょうか。今後このような問題を防ぐ方法は、どのようなものがありますか。

A　　退職合意の際、未回収分について労働者の退職金から一括控除する方法や、傷病手当金の受取代理人制度を利用する方法があります。

> 解　説

1　私傷病休職者の社会保険料

　社会保険料（健康保険料・厚生年金保険料）について、事業主は被保険者（＝労働者）負担分を含め納付する義務を負っていることから（健保161②、厚年82②）、通常事業主が労働者に対し給与を支払う場合、労働者の負担すべき前月の保険料を給与から控除しています（健保167①、厚年84①）。

　しかしながら、労働者が私傷病により長期間にわたり休職している場合、事業主は支払うべき給与がないため、労働者が負担すべき社会保険料を控除することができなくなり、その結果、休職者は滞納している社会保険料を納付しないまま退職し、会社として対応に苦慮する場面が見受けられます。

2　退職金からの一括控除

　休職者が滞納している社会保険料の納付に応じないまま休職期間満了で退職した場合の保険料回収の方法として、退職金との相殺により滞納していた社会保険料の一括控除を行う場合、以下の注意が必要です。

　まず社会保険料について賃金から控除できるのは、前述のように前月分の保険料に限られており、前々月分以前の社会保険料を含めて退職金から一括控除することは、労働基準法24条に定める賃金全額払の原則の例外である「法令に別段の定めがある場合」に抵触することから、労働基準法24条1項に規定されている過半数労働組合又は過半数代表者との書面による協定に、会社が立替払をしている被保険者負担分の社会保険料を退職金から控除できる旨を定め、締結しておく必要があります。

　しかも、上記賃金控除協定を結んだとしても無制限に行い得るものではなく、民事執行法152条2項で、退職金について「退職手当及びその性質を有する給与に係る債権については、その給付の4分の3に相当する部分は、差し押さえてはならない。」と定められており、さらに民法510条で「債権が差押えを禁じたものであるときは、その債務者は、相殺をもって債権者に対抗することができない。」とされていることから、労働者との同意なく、退職金支給額の4分の1を超えて、退職金から社会保険料を控除することはできません。

3　傷病手当金の受取代理人制度の活用

　ところで、休職中の労働者が事業主に対し社会保険料の支払を滞納してしまう1つの要因として、毎月の社会保険料の振込みが大きな負担となっていることが考えられ、このようなことを防ぐ意味で、傷病手当金の受取代理人制度の活用が検討されるべきでしょう。

　傷病手当金の受取代理人制度は、傷病手当金の受領について、本人が代理人を指定しその代理人に受領させるもので、休職中の労働者の同意の下、会社が代理人として傷病手当金を受け取り、その中から社会保険料を徴収した上で、残額を休職中の労働者に渡すもので、実務上、上記の取扱いを行っている企業をしばしば見受けます。

　この点については、健康保険法61条の受給権保護の規定「保険給付を受ける権利は、譲り渡し、担保に供し、又は差し押さえることができない」との関係が問題となりますが、被保険者の同意がある限り、健康保険法61条の受給権保護には抵触しないと解されています。

　もっともその際は、①傷病手当金を受給する労働者に対し、受取代理人制度の内容を十分に説明した上で、②事業主が受取代理人となること、及び被保険者負担分の社会保険料について、事業主が代理受領した傷病手当金から支払を行うことの同意を得て（できれば書面にします。）、③傷病手当金の受給額、社会保険料額などを記載した書面をその都度作成し、労働者に交付することが必要でしょう。

アドバイス

　労働者が被保険者負担分を滞納した場合、退職金からの控除は労働基準法の規定に沿って行う必要があり、傷病手当金の受取代理人制度を利用する場合も、本人の同意をとる場合は慎重に行う必要があります。

【44】　離職理由に関する異議申立てへの対応は

> **Q**　合意退職した元労働者から、離職証明書に記載した離職理由について、ハローワークへの異議申立てがなされましたが、どのような対応が必要でしょうか。

> **A**　離職者から離職理由に関する異議申立てがなされた場合、事業主は、離職証明書に記載した離職理由を証明するための客観的資料（例えば、本人が提出した退職届など）や、退職に至った経緯を説明するための申立書などを事業所の管轄ハローワークに提出する必要があります。

解　説

1　事業所の管轄ハローワークにおける離職理由の確認

　まず、事業所の管轄ハローワークにおいて、事業主からの「雇用保険被保険者資格喪失届」及び「雇用保険被保険者離職証明書」（離職証明書）の提出を受け、離職票の発行を行います。

　事業所の管轄ハローワークは離職票の発行を行う過程で、事業主から提出された資料等を基に離職理由の確認を行います。確認した離職理由は、離職証明書の離職理由欄に「1A」から「5E」といった記号で区分して表示されます。

2　離職者の住居所管轄ハローワークにおける離職理由の判定

　最終的な離職理由の判定は、離職者の住居所管轄ハローワークにおいて行われます。

　離職者が基本手当を受給するためには、離職者の住居所管轄ハロー

ワークに出頭し、求職の申込みをした上で、離職票を提出し受給資格
の決定を受けなければならず、住居所管轄ハローワークが最終的に判
定を行った離職理由については、離職者が受け取る「雇用保険受給資
格者証」の「離職理由」欄に2桁の数字の離職理由コード（11、12、21・・・
55）で表されます。

3　離職者から離職理由に関して異議申立てがなされた場合の事業主の対応

　離職者が基本手当を受給するため、住居所管轄ハローワークに出頭
し受給資格の決定を受ける際に、事業主と離職者の間で離職理由に関
する主張が異なっていることが判明し、離職者から異議申立てがなさ
れる場合があります。例えば、事業主によるハラスメントがあったこ
とによって離職した場合など、事実関係について事業主の主張と離職
者の主張が異なる場合です。離職理由のいかんによって、「特定受給
資格者」ないし「特定理由離職者」に該当するか、「一般受給資格者」
に該当するかが決定され、その結果として基本手当を受給するまでの
給付制限期間の有無や所定給付日数が大きく変動します。

　したがって、離職者にしてみれば、事業主が記載した離職理由が正
しいかどうかを確認し、自分の考えていた離職理由と違うことが分か
れば、異議申立てをするのは当然のことといえます。

　離職者から離職理由に関する異議申立てがなされた場合、事業主は、
離職証明書に記載した離職理由を証明するための客観的資料（例えば、
本人が提出した退職届など）や、退職に至った経緯を説明するための
申立書などを事業所管轄ハローワークに提出する必要があります。

　ちなみに、このように事業主が離職証明書に記載した離職理由につ
いて、後になって離職者との間で見解の相違が生じトラブルになる原
因の1つとして、離職証明書の「⑯離職者本人の判断（○で囲むこと）」

について、事業主が離職者本人に異議の有無の記載及び記名押印（又は自筆による署名）を求めないまま、離職証明書を事業所管轄ハローワークに提出していることが考えられます。

　そもそも⑯欄は、労働者が原則として退職するまでの間に、事業主記載に係る離職理由に関して判断をした上で、記名押印又は自筆による署名をすることとなっているにもかかわらず、事業主がそれを怠って自ら記名押印をする場合などがあり、注意が必要です（もっとも離職者が帰郷したなどやむを得ない場合については、事業主が⑯欄にその理由を記載し、事業主印を押印する方法等で処理を行うことが認められています。）。

> ### アドバイス
>
> 　事業主が離職証明書に記載した離職理由について、後になって離職者との間で見解の相違が生じトラブルになる原因の1つとして、事業主が離職者本人に異議の有無の記載及び記名押印（又は自筆による署名）を求めないまま、離職証明書を事業所管轄ハローワークに提出していることが考えられますので、注意が必要です。

第2　退職合意後の諸問題と留意点

【45】　退職合意後に退職の撤回を求められた場合は

Q　退職合意後に退職の撤回を求められた場合の法的効果はどうなるのでしょうか。

A　近年の裁判例では、合意退職には、労働者の真に自由な合意を求めるようになっており、これを欠く場合には、合意退職無効として労働者から退職の撤回を求められることがあります。

解　説

1　退職の意味

　退職には、①労働者からする労働契約の一方的解約（任意退職又は辞職）と、②労使の合意により労働契約を終了させる合意解約があります。したがって、労働者が行う退職の「意思表示」（辞表、退職願などいろいろな標題のものがあり、いずれかを提出して行います。）も、①の場合と、②の場合があり（さらに②の場合も、労働者からの合意解約の申込みと、使用者からの合意解約の申込みに対する労働者の承諾の2つのタイプがあります。）、これらの労働者が行う退職の意思表示が、文書又は口頭で明確に示された場合でも、労働者が、事後的にそれを撤回することができるかが問題とされてきました。

　ところで、退職の意思表示は労働者の真に自由な意思に基づいて行われるものでなければならず、それを欠く場合には、退職の意思表示の成立が否定される場合があります。なぜならば、現実の職場では事

実上の解雇が任意退職や合意解約の形を採ることが多いことから、裁判例は任意退職や合意解約の成立自体に慎重な姿勢を示しているからです。

　例えば、原告女性が妊娠によって当該業務の継続が難しくなったとして、被告会社の代表者の提案で派遣会社への登録を受け入れたところ、それによって退職合意があったとされたケースで、判決は、妊娠中の退職の合意があったか否かについて、当該労働者の自由な意思に基づいてこれを合意したものと認めるに足りる合理的な理由が客観的に存在するか慎重に判断する必要があるとして、退職届の受理、退職証明書の発行等の客観的、具体的な退職手続がなかったことや、上記提案から約6か月経って会社から退職扱いとなっている旨の説明を受けたなどの事情から、退職合意の存在が否定されて労働契約上の権利を有する地位が認められた、TRUST事件（東京地立川支判平29・1・31労判1156・11）があります。

2　退職届の撤回

　本来合意解約が成立した場合、期間の定めのある契約か否かに関わりなく、合意内容どおりに労働契約が終了するのが原則ですが、裁判例は、以下に述べるとおり(1)・(2)の場合を区別して判断しています。

(1)　退職届が辞職通知に当たる場合

　退職届が辞職の意思表示に当たる場合は、労働者からする一方的解約の通知（＝形成権の行使）であり、使用者への到達により効力を生じるので、使用者の同意がない限り撤回はできません。もっともこれに対して裁判例は、熟慮を経ない退職の意思表示が多いという実態を考慮して、労働者が確定的に退職の意思を固めていると見られる場合を除いて、できるだけ合意解約の申込みと解釈して、撤回の可能性を認めようとしています（大隈鉄工所事件＝名古屋高判昭56・11・30判時1045・

130など）（株式会社大通事件（大阪地判平10・7・17労判750・79）は、こうし
た観点から「会社を辞めたるわ」という労働者の発言さえ、合意解約
の申込みと解釈しています。）。

(2)　退職届が合意解約の申込みに当たる場合

　退職届が労働者の合意解約の申込みに当たる場合でも、裁判例は使
用者が承諾する前であれば、信義に反する等特段の事情がない限り、
撤回することを可能としており、例えば「雇用契約の合意解約の申入
れは、（中略）使用者が承諾の意思表示をし、雇用契約終了の効果が発
生するまでは、使用者に不測の損害を与える等信義に反すると認めら
れるような特段の事情がない限り、被用者は自由にこれを撤回するこ
とができる」としています（前掲大隈鉄工所事件）。退職予定日の変更も
同様に可能です。

　では、どのような場合に使用者の承諾があったといえるのでしょう
か。

①　まず承諾の権限を有する者によってなされることが必要です（人
　事部長による退職願の受領が承諾になり得るとした判例として、大隈鉄工所事
　件＝最判昭62・9・18労判504・6。工場長の事例として、ネスレ日本事件＝東京
　高判平13・9・12労判817・46。常務取締役兼観光部長には承諾の権限がなかっ
　たとした、岡山電気軌道事件＝岡山地判平3・11・19労判613・70など）。

②　次に退職届の受理だけでなく、さらに内部的決裁手続を要する場
　合は、その手続が行われ、本人に通知されることが必要です（東邦大
　学事件＝東京地決昭44・11・11労判91・35、泉州学園事件＝大阪地決昭57・8・
　25労経速1134・12）。

③　さらに承諾の意思表示をするのに辞令の交付を要することが就業
　規則等に規定されている場合は、承諾があったといえるにはその交
　付等を要します（ピー・アンド・ジー明石工場事件＝大阪高決平16・3・30労
　判872・24）。

(3)　退職届が合意解約の承諾に当たる場合

　使用者が合意解約の申込みをし、これに対して、労働者が退職届提出により承諾の意思表示をした場合は、その時点で合意解約が成立し、使用者の同意がない限り、退職届の撤回はできないことになります(退職予定日の変更も、同様に使用者の同意がなければできませんが、数日程度の変更であれば、当事者の意思解釈としては合意解約の範囲内として、使用者の許諾がなくても認められるといえるでしょう。)。

アドバイス

　退職届は、労働者からする一方的解約の通知（＝形成権の行使）であり、使用者への到達により効力を生じるので、本来使用者の同意がない限り、撤回・変更はできないものですが、使用者のイニシアティブの下に退職勧奨などが行われた場合、熟慮を経ない退職の意思表示が多いという実態を考慮して、裁判例は、労働者が確定的に退職の意思を固めていると見られる場合を除いて、退職の意思表示は真に確定的な意思表示に基づいて行われるべきとしており、このような条件を欠く場合には、撤回が認められる可能性が高くなりますので、注意が必要です。

【46】　退職後に懲戒解雇に相当する事実が発覚した場合は

Q　労働者が退職した後に、懲戒解雇に相当する事実が発覚した場合どうしたらよいのでしょうか。

A　懲戒処分は雇用関係の存在が前提とされていますので、労働者が退職した後の懲戒処分は原則としてあり得ません。退職金不支給や返還請求、不法行為を理由とする損害賠償などを検討すべきでしょう。

解　説

1　退職時期と懲戒権

　懲戒権は、労働関係にある労働者に対し使用者が行使するものなので、労働契約が終了した場合、使用者は懲戒権を行使できず、例えば、2月末日に退職した労働者に対し、3月になって懲戒処分をしても無効となります。

　ちなみに、国家公務員の場合、退職後、国家公務員法は適用されないことから、処分はなし得ず、事実上、退職職員に対して給与の返納要請ができるにすぎず、地方公務員も同様です（ただし、地方公務員に関しては、返納要請は労働基準法19条に準拠して、平均賃金の1日分の半額を限度として返納要請をしています。）。

2　退職届の性質

　労働者による退職届の提出は、【45】で述べたとおり①「合意解約の申入れ」と、②「解約の意思表示」に大別され、①の場合、使用者による承諾の意思表示があって初めて雇用契約関係終了の効力が生じ、

②の場合、使用者に対する一方的な雇用契約関係終了の意思表示であり、就業規則、民法等の規定に基づいた要件の下に雇用関係終了の効力が生じることになります。

　一般に、労働者からの退職届提出は、当事者の合理的意思解釈としては、②の雇用関係の一方的解約の意思表示と考えられ、雇用関係終了時期は、以下のとおりとなります。

3　雇用契約終了時期

(1)　期間の定めのない場合

　期間の定めのない雇用契約においては、原則として解約申入れから、就業規則所定の予告期間（通常1か月）経過により、また就業規則に当該規定がない場合は、民法627条所定の2週間経過により雇用契約関係が終了します（なお、労働者本人が民法所定の予告期間を主張する場合には、強行法規である同条項が優先します。）。

(2)　期間の定めのある場合

　期間の定めのある雇用契約の場合、「やむを得ない事由」がない限り、当事者の一方的意思表示によっては雇用関係を解消することはできません（民628）。もっとも労働基準法附則137条により、労働者からの解約については、一定の事業の完了に必要な期間を定めるもの等を除き、その期間が1年を超える場合はいつでも解約できますので、この場合は(1)と同様になります。

(3)　雇用契約終了と懲戒処分手続

　上記(1)・(2)いずれの場合にも、雇用関係終了の効力発生時点までに、使用者は懲戒処分に必要な手続を完了して、当該労働者にその旨の通知をする必要があります。したがって、本件では退職後に懲戒事由が発覚したものであり、使用者は、労働者が退職後にはもはや懲戒処分を行うことができません。

4　雇用契約終了後の対応

　雇用契約終了後は、使用者はもはや懲戒処分を行うことはできませんが、退職金が未支給の場合には不支給又は減額を、既支給の場合には返還請求を検討することになり、それ以外にも労働者の懲戒事由が原因で使用者に損害が出ている場合には、不法行為として損害賠償を請求することも可能です。このような場合に備えて、会社はあらかじめ一定の懲戒事由に該当する場合には、退職金を不支給・減額するとか、返還請求できる旨の規定を定める必要があります。通達（昭63・1・1基発1・婦発1、平11・3・31基発168）でも、懲戒解雇など一定の事由に該当するために退職金を不支給や減額にする場合は、その旨を就業規則に規定しておかなければならないとされており、具体的には「在職中に懲戒（解雇）事由に相当する行為をした場合」等には退職金を不支給ないし減額にできる旨を定めておくべきです。

　例えば、社員が、不正行為を疑われて会社から調査を受けるようになった途中で退職した後、同社員が過大見積り価額で商品を仕入れる等の背任行為の懲戒事由が判明したことから、退職金不支給としたケースで、判決は「本来、懲戒解雇事由と退職金不支給事由とは別個であるから、被告（会社）の右退職金規程のように、退職金不支給事由を懲戒解雇と関係させて規定している場合、その規程の趣旨は、現に労働者を懲戒解雇した場合のみならず、懲戒解雇の意思表示をする前に労働者からの解約告知等によって雇用契約関係が終了した場合でも、当該労働者に退職金不支給を相当とするような懲戒解雇事由が存した場合には退職金を支給しないものであると解する」旨判示して、退職金不支給を認めています（大器事件＝大阪地判平11・1・29労判760・61）。

　他方、「懲戒解雇をした場合に退職金を不支給ないし減額にする」との定めを置くのみでは、本件のように退職届提出後に退職金の不支給・減額ができないという不都合が生じることがあり、例えば労働者

が退職届提出後に、会社が懲戒解雇処分をして退職金不支給としたケースで、退職効果発生後の退職金不支給を無効とした、東京ゼネラル〔退職金〕事件（東京地判平8・12・20労判711・52）がありますので、注意が必要です。

アドバイス

　懲戒処分は雇用関係の存在が前提とされていますので、労働者が退職した後の懲戒処分は原則としてあり得ません（ただし、合意解約などの場合には、詐欺や錯誤等を理由として取り消した上で、改めて懲戒解雇をすることは例外的に可能でしょう。）。むしろ、退職金不支給や返還請求、不法行為を理由とする損害賠償などを検討すべきでしょう（ちなみに、懲戒事由の有無を社内外に公表することは、公表内容によっては、かえって退職者から名誉毀損等で訴えられることもありますので、注意が必要です。）。

【47】　退職後の競業避止義務は

　　労働者の退職後に、競業避止義務を課すにはどうしたらよいでしょうか。

　　退職後の労働者には、職業選択の自由が保障されているので、原則として競業避止義務を負うことはありません。したがって、競業を禁止するには、特約（誓約書など）等の契約上の明示的根拠が必要です。

> 解　説

1　競業避止義務

　労働者は在職中に同業他社で勤務したり、同種の事業を営む場合には、企業秘密の漏えいや顧客の競合などにより使用者の利益を損なうおそれが強いことから、特別の事情のある場合は除いて、原則として在職中は信義則に基づいて競業避止義務を負うものとされています。また、在職中に退職後の競業を準備する行為も、顧客に対して新たに設立する会社への発注を依頼するなど、その手段・方法が使用者の利益を大きく損なう可能性がある場合には、同様と解されています（カナッツコミュニティほか事件＝東京地判平23・6・15労判1034・29）。このほか、職務上知り得た情報の提供や顧客の紹介などによって競合会社に便宜を図ることも、債務不履行ないし不法行為となり得るとされています（エープライ事件＝東京地判平15・4・25労判853・22、東京貨物社事件＝東京地判平12・12・18労判807・32など）。

　他方退職後の労働者は、労働契約が終了していることから、契約上の信義則に基づく競業避止義務は消滅し、しかも職業選択の自由が保

障されているので（憲22）、原則として競業避止義務を負うことはありません。したがって、競業を禁止するには、特約（誓約書など）等の契約上の明示的根拠（必要かつ合理的な範囲のもの）が必要となります。判例でも、サクセスほか〔三佳テック〕事件（最判平22・3・25労判1005・5）は、退職後に競合会社を設立し、取引先から仕事を受注して競業行為を行ったことについて、退職後の競業避止義務に関する特約等がないことから、社会通念上自由競争の範囲を逸脱した違法なものとはいえず不法行為に当たらないとしています（同旨：デックストレードほか〔スタートレーディング〕事件＝東京地判平20・11・7労判979・88など）。なお、労働者が退職後に退職前の情報等を利用する場合は、不正競争防止法との関係で問題とならないかも検討すべきです。

2　競業避止「特約」等の判断

(1)　特約作成における労働者の自由意思

　労働者が退職に当たって、誓約書の提出を求められたり合意書に署名する場合、その誓約書等が真に労働者の自由意思に基づいて作成されたものであるかどうかが判断されることになります。例えば、退職間際に使用者から個別に呼び出され退職理由等を追及されて、使用者があらかじめ用意していた退職後競業行為を行わない旨の誓約書に署名させられたケースで、判決は、当該誓約書は提出を拒絶し難い状況の中で意思に反して作成提出させられたものというべきであり、任意の合意といえるかには多大な疑問があるとされた、ジャクパコーポレーションほか1社事件（大阪地判平12・9・22労判794・37）、特許事務所の労働者が退職後に他の特許事務所への再就職をしない旨の誓約書を提出したケースで、誓約書は、労働者として就労するについての留意事項について注意を喚起する趣旨の文書にすぎず、文言どおりに職業選択の自由を制限する内容の約束として、当事者間で合意されたものと認

めるには疑問があるとされた、A特許事務所〔就業禁止仮処分〕事件
（大阪高決平18・10・5労判927・23）などがあります。

（2）　就業規則等による規制

　在職中に作成された就業規則や労働協約の一般的規定により、退職
後の労働者の競業を禁止できるかについては、退職後の労働者の職業
選択の自由という労働者の基本的な自由を制限する事柄の特質上問題
とされてきましたが、裁判例は一般に就業規則に基づく競業規制も有
効とし、適用に際して限定を加える傾向にあります。

　例えば、モリクロ事件（大阪地決平21・10・23労判1000・50）は、「必ずし
も使用者と労働者との間の個別の合意によってしか定められないもの
ではなく、就業規則によって定めることも許される。なぜなら、一定
の限度では、企業の正当な利益を守るために使用者が労働者にかかる
義務を課すことが避けられないし（例えば、個人情報の保護に関する
法律21条〔現24条〕は、個人情報取扱事業者に対し、従業者に対する
監督を義務づけているが、これは離職後に個人情報を流出させること
をも防止する措置を採る義務を課している趣旨と解される。）、かかる
義務について、個別の合意を俟たず、企業秩序維持のために画一的に
義務を課す必要性も否定し難いからである。もっとも、前記のとおり、
退職後の競業避止義務を定めることは、労働者の生計手段の確保に大
きな影響を及ぼすので、その効力については、慎重に検討することが
必要であり、競業避止を必要とする使用者の正当な利益の存否、競業
避止の範囲が合理的範囲に留まっているか否か、代償措置の有無等を
総合的に考慮し、競業避止義務規定の合理性が認められないときは、
これに基づく使用者の権利行使が権利濫用になるものと解するべきで
ある。」旨判示しています（同旨：東京リーガルマインド事件＝東京地決平7・
10・16労判690・75、日本コンベンションサービス〔退職金請求〕事件＝大阪地判
平8・12・25労判711・30など）。

アドバイス

　労働者が退職に当たって、誓約書の提出を求められたり合意書に署名する場合、その誓約書等が真に労働者の自由意思に基づいて作成されたものであるかどうかが判断されることになります。

　また、在職中に作成された就業規則や労働協約の一般的規定により、退職後の労働者の競業を禁止できるかについては、退職後の労働者の職業選択の自由という労働者の基本的な自由を制限する事柄の特質上問題とされてきましたが、裁判例は一般に就業規則に基づく競業規制も有効とし、適用に際して限定を加える傾向にあります。

【48】　競業避止義務の範囲は

 労働者の退職後の競業避止は、どのような範囲まで許されるのでしょうか。

 労働者が退職後に負う競業避止義務は、退職後は職業選択の自由があることから、過度なものは公序良俗違反として無効とされ、①競業避止義務の目的、②労働者の地位、職務、勤続年数、③禁止業務の範囲、期間、場所的範囲、④代償等が問題とされることになります。

```
解　説
```

1　退職後の競業避止義務の範囲

　労働者が退職後に負う競業避止義務は、退職後は職業選択の自由があることから、過度なものは公序良俗違反として無効とされ、①競業避止義務の目的、②労働者の地位、職務、勤続年数、③禁止業務の範囲、期間、場所的範囲、④代償等が問題とされることになります。

　なお、競業禁止規定の有効性を判断する際に、規定の文言そのものは広汎であっても、合理性が認められる範囲で限定解釈されることになります。例えば、競業他社に転職した労働者に対する、就業規則の競業禁止規定に基づく退職金返還請求のケースで、競業禁止規定により禁止されるのは、営業機密を開示、漏えいし、あるいはこれを第三者のために使用するに至るような態様のものに限定されるとし、その限りで同規定の有効性を認めた、三田エンジニアリング事件（東京高判平22・4・27労判1005・21）などがあります。

2　競業避止義務の目的・必要性

　労働者の職業選択の自由の重要性に鑑み、退職労働者による営業上の秘密やノウハウなどの企業秘密の漏えい防止を目的としている場合と、単なる顧客確保や競争企業の強化防止を目的としている場合とでは、規制範囲が異なるものとされています。前者の例として、前掲三田エンジニアリング事件、フォセコ・ジャパン・リミティッド事件（奈良地判昭45・10・23判時624・78）（秘密保護義務を実質的に担保するための競業避止義務に限り適法・有効とした）などがあります。

　また後者の例としては、高額の代償措置が合意されているなど特段の事情がない限り、公序良俗違反で無効としており、例えば東京リーガルマインド事件（東京地決平7・10・16労判690・75）（「実定法上退職後の競業避止義務を肯定し得る場合（労働者が使用者の営業秘密に直接関わるような場合）」と「競業避止義務を合意により創出する場合」との区別を必要とし、後者の場合には、「競業避止の内容が必要最低限であり、かつ十分な代償措置を要する」としています。）などがあります。

3　労働者の退職前の地位・業務

　競業避止義務を課すことができる労働者は、競業によって使用者の正当な利益を害する可能性がある地位、業務に就いていた者に限られ、具体的には、営業秘密に接する地位であったか、顧客等との人的関係を築く業務にあったかどうかなどが考慮されます。

　例えば、司法試験予備校の専任講師兼監査役と代表取締役が、退職後に競業会社を設立したケースで、競業避止義務特約が、監査役との関係では無効、代表取締役との関係では有効とされた、前掲東京リーガルマインド事件があります。またヤマダ電機事件（東京地判平19・4・24労判942・39）では、地区部長や母店長などの役職につき、競業避止義務条項を有効としました。

4　競業が禁止される業務の範囲、期間、地域

　禁止される業務、期間的、場所的な範囲は、使用者の正当な利益保護に必要最小限のものとされています。

　業務の範囲については、「使用者の保有している特有の技術や営業上の情報等を用いることによって実施される業務」に限られ、例えば、かつらのメンテナンス等を行う業務は、競業避止義務の内容には含まれないとされた、アートネイチャー事件（東京地判平17・2・23労判902・106）などがあります。

　競業避止義務が課される期間については、それが短いほど職業選択の自由の制約も少ないと解されるため、近年の裁判例では、2年以上の競業禁止期間について否定的に捉える傾向が見られます（日本機電事件＝大阪地判平24・3・9労判1052・70）（なお、アメリカン・ライフ・インシュアランス・カンパニー事件（東京高判平24・6・13（平24（ネ）920・3013））では、保険業界においては2年間が経験の価値を陳腐化すると指摘しています。）。

　地域について、競業避止の目的が顧客や市場の確保といった利益の保護である場合、競業禁止となるのは一定の地域内における同業他社への競業に限られるべきことになり、すずらん介護サービス〔森田ケァーズ〕事件（東京地判平18・9・4労判933・84）は、競業を禁止する地理的な範囲が東京都区部の北東部の大部分の地域を含むことになり広範囲であるとして無効としており、また業界全体への転職を禁止するだけの条項も広範に過ぎ無効とされます（前掲アメリカン・ライフ・インシュアランス・カンパニー事件では、生命保険会社全体への転職を禁止することは広範に過ぎると判断されています。）。もっとも、営業秘密やノウハウの保護を目的としている場合には、地域を限定しても目的達成とならないため、この要件は緩和されることがあります。

　マット・モップ類のレンタル業等を行う会社の労働者が、退職後同業他社とフランチャイズ契約を締結し、顧客情報を利用して営業活動

を行ったケースで、判決は、競業避止義務の期間が退職後2年間と比較的短いこと、禁止地域が在職時に担当した営業地域とその隣接地域に限定されていること、同じ職種での顧客収奪行為のみを禁じていることから、職業選択の自由に対する制約はかなり小さいとして、競業避止義務を定めた誓約書を有効とした、ダイオーズサービシーズ事件（東京地判平14・8・30労判838・32）などがあります。

5　代償措置の有無

　本来労働者は、退職後全面的な職業選択の自由を有するのであるから、その自由を制限するためには相応の対価、すなわち代償措置が必要とされ、裁判例は一般に、代償措置を特約等が有効となるための要件とする傾向にあります（東京貸物社〔退職金〕事件＝東京地判平12・12・18労判807・32、前掲東京リーガルマインド事件など）。

　他方、代償措置がなくとも競業避止の特約の効力を認める裁判例もあります（前掲ダイオーズサービシーズ事件は、代償措置が講じられていないことのみで、誓約書の定める競業避止義務の合理性が失われることにはならないとしています。）。

　　　　　　　　　　　　　アドバイス

　労働者が退職後に負う競業避止義務は、退職後は職業選択の自由があることから、過度なものは公序良俗違反として無効とされ、①競業避止義務の目的、②労働者の地位、職務、勤続年数、③禁止業務の範囲、期間、場所的範囲、④代償等が問題とされることになります。

　特に、退職労働者による営業上の秘密やノウハウなどの企業秘密の漏えい防止を目的としている場合と、単なる顧客確保や競争企業の強化防止を目的としている場合とでは、規制範囲が異なり、後者の場合、高額の代償措置が合意されているなど特段の事情がない限り、公序良俗違反で無効とされています。

【49】　代償措置の程度は

Q 　我が社では競業避止規程を設けようと考えています
が、労働者への代償措置は、どの程度していればよいの
でしょうか。

A 　競業避止条項の合理性判断に際して、裁判例の傾向と
しては、当該労働者に対して代償措置が設けられていた
か否かを、判断要素の1つとして考慮していますが、常に固有・独
立の代償措置を必要としているわけではなく、当該労働者が在職
中に支払われていた報酬や退職時に支払われる退職金などの程
度なども、代償措置の要素として考慮されることがあります。

解　説

1　代償措置と競業避止義務条項

　競業避止義務は、労働者の退職後の職業選択への制限であり、退職
後の労働者の職業生活に直結することから、代償措置はそれを制限す
るための相当の対価として評価されるものであることが求められま
す。

　例えば、フォセコ・ジャパン・リミティッド事件（奈良地判昭45・10・
23判時624・78）では、「競業の制限の合理的範囲を確定するにあたって
は、制限の期間、場所的範囲、制限の対象となる職種の範囲、代償の
有無等について、債権者の利益（企業秘密の保護）、債務者の不利益（転
職、再就職の不自由）及び社会的利害（独占集中の虞れ、それに伴う
一般消費者の利害）の3つの視点に立って慎重に検討していくことを
要する」と判示しています。また、関東工業事件（東京地判平24・3・13

労経速2144・23）では、「就業規則の競業避止条項や合意による競業避止特約が有効と認められるためには、使用者が確保しようとする利益に照らして、競業禁止の内容が必要最小限度に止まっており、かつ、十分な代償措置が施されることが必要であると解される」と判示しています。

　このような条項の合理性判断に際して、裁判例の傾向としては、当該労働者に対して代償措置が設けられていたか否かを、判断要素の1つとして考慮していますが、常に固有・独立の代償措置を必要としているわけではなく、当該労働者が在職中に支払われていた報酬や退職時に支払われる退職金などの程度なども、代償措置の要素として考慮されることがあります。

2　代償措置の内容

　使用者が、退職金等何らかの代償措置を講じているとしても、それだけで競業規制の合理性の有無が決せられるわけではなく、他の要素との総合考慮となります。

　(1)　特別な代償措置があるケース

　退職後も会社のフランチャイジーとなる途があり、待遇についても会社側が「相談に応じ通常よりもかなり好条件とする」と述べていたこと等をもって、特別な代償措置の存在を認めて競業避止義務条項の有効性を認めた、トータルサービス事件（東京地判平20・11・18労判980・56）があります。

　(2)　在職中の報酬等を代償措置と評価したケース

　在職中の報酬や退職金の額等から代償措置としての競業避止条項の有効性を認める裁判例もあります。例えばX生命保険事件（東京地決平22・9・30労判1024・86）では、執行役員として在職中毎年2,000万円を超える報酬などが支払われ、更に退職金として3,000万円以上が支払われる予定だったケースで、「債権者（＝労働者）は、執行役員の地位に

おいて相当な厚遇を受け」ており「代償としての性格もあった」として、競業避止条項の有効性を肯定しています。同様に、ピーエム・コンセプツ事件（東京地決平18・5・24判時1956・160）でも、給与及び賞与として、労働者に1,400万円から1,620万円が毎年支払われていたケースで、報酬の一部には退職後の競業禁止に対する代償も含まれていると認定し、競業避止義務条項の有効性を肯定しています（同旨：モリクロ〔競業避止義務・仮処分〕事件＝大阪地決平21・10・23労判1000・50、トーレラザールコミュニケーションズ〔業務禁止仮処分〕事件＝東京地決平16・9・22労判882・19など）。

(3)　代償措置が認められないケース

　代償措置が認められない場合、競業避止義務条項の有効性を否定する重要な要素となります（東京貨物社〔退職金〕事件＝東京地判平12・12・18労判807・32など）。例えば、A特許事務所〔就業禁止仮処分〕事件（大阪地決平17・10・27労判908・57）では、当該労働者が「高い地位に就いたり、高い報酬を得ていたわけでもな」く、それに加えて独立の代償措置が設けられていないとして、条項の有効性が否定されています（同旨：キョウシステム事件＝大阪地判平12・6・19労判791・8）。また、アメリカン・ライフ・インシュアランス・カンパニー事件（東京地判平24・1・13労判1041・82）でも、労働者の賃金が「相当高額であった」としながらも、競業避止義務を負わない労働者の中に、当該労働者の給与より高額な給与を受領している者がいたことを挙げて、当該労働者に対する「代償措置が十分であったということは困難である」としています。

アドバイス

　労働者は職業選択の自由を有しており、退職後の仕事も、退職前の仕事と関連したものを選択するのが通常であり、しかもそれが基本的な生

活手段であることから、競業避止には相当の代償は不可欠といえます。どの程度の代償が「相当」かは、退職前の労働者の地位、職務等や競業避止の場所的・時間的範囲等との関連で判断されることになります。

| 参考判例 |

○労働者が在職中、月額4,000円の秘密保持手当が支給されていたものの、退職金が全く支給されなかったケースで、「給与支給期間中月額4,000円の秘密保持手当が支払われていただけで、退職金その他の代償措置は何らとられていない」として、そもそも代償措置の存在自体が否定された事例（新日本科学事件＝大阪地判平15・1・22労判846・39）

【50】　競業避止義務違反の法的効果は

 競業避止義務違反に該当すると、どのようになりますか。

競業避止義務違反の場合、使用者から労働者に対する損害賠償・差止めのほかに、退職金支払拒否や退職金返還請求が認められることがあります。

解　説

1　競業避止義務違反の法的効果

　競業避止義務違反の法的効果としては、使用者から労働者に対する損害賠償請求（ダイオーズサービシーズ事件＝東京地判平14・8・30労判838・32など）に加えて、当該競業行為の差止請求があります。もっとも、差止請求が許容されるためには、労働者の競業避止義務違反に加えて、当該競業行為により使用者が営業上の利益を現に侵害され、又はその具体的なおそれがあることが必要です（東京リーガルマインド事件＝東京地決平7・10・16労判690・75など）。

　差止めが認められた例として、資材の製造販売を業とする会社の労働者2名が、退職後間もなく競業会社の取締役に就任し、同じ顧客に対して同じ営業品目の製造販売を行った、フォセコ・ジャパン・リミティッド事件（奈良地判昭45・10・23判時624・78）、印字機及び各種チケット、ラベルの製造販売等を行う会社の営業部長であった労働者が、退職と同時に競業会社を設立し、元の会社に対して顧客情報を残さず、それを独占利用して競業行為を行った、新大阪貿易事件（大阪地判平3・10・15労判596・21）、医薬品の販売、資材の企画等を行う会社の部長兼執行

役員が、退職後同業他社の代表取締役に就任した事案で、競業避止の合意は、退職後2年間に限り、医薬品の周知・販促に向けられた5業務に関する競業行為を禁ずるものであると解する限りにおいて合理性があるとされ、競業行為の差止めが認容された、トーレラザールコミュニケーションズ〔業務禁止仮処分〕事件（東京地決平16・9・22労判882・19）、退職した執行役員の競業他社への就職事案で、不利益に対して相当な代償措置（高額年収、株の付与、高額退職金などの厚遇）が講じられているとして、退職から1年間に限り競業禁止の合意の効力を認め、仮の差止めを認容した、Ｘ生命保険事件（東京地決平22・9・30労判1024・86）などがあります。

2　退職金の減額、不支給、返還請求

　退職者が競業をすることを防ぐために、就業規則等で同業他社に転職した者に対する退職金の減額・不支給等を規定する場合があります。

（1）　退職金不支給を否定した例

　退職後6か月以内に同業他社に就職した場合には、退職金を支給しない旨の就業規則の規定は、継続した労働の対償である退職金を失わせることが相当であると考えられるような顕著な背信性がある場合に限って有効であるとした、中部日本広告社事件（名古屋高判平2・8・31労判569・37）、原告の勤続の功を抹消又は減殺するほどの著しい背信性があるとまではいえないし、退職金の請求が権利の濫用であるということもできないとした、ヤマガタ事件（東京地判平22・3・9労経速2073・15）、同業他社へ就職したことは誓約書に反するものの、退職金請求権は賃金の後払的性格を有するとともに会社に一定期間勤め事業に貢献した功労報奨としての性質も有するので、不支給が許容されるのは功労を抹消するほど会社へ重大な損害を与えたり社会的信用を損なう強度の背信的行為があったと評価できる場合に限定されるとし、本件では強

度の背信性や悪質性は認められないとした、東京コムウェル事件（東京地判平20・3・28労経速2015・31）などがあります。

　(2)　退職金不支給を肯定した例

　他方、広告会社に勤めていた営業社員が、退職後同業他社へ就職したケースで、最高裁は「退職後の同業他社への就職をある程度の期間制限することをもって直ちに社員の営業の自由等を不当に拘束するものとは認められない」として、退職金減額規定を有効とした、三晃社事件（最判昭52・8・9労経速958・25）、同業他社への転職、同様の営業をした者等に支給すべき退職金等の額を一般の自己都合退職の場合の2分の1とする規定について、規定が区域、期間を限定していることなどを考慮した上で、有効であると判断した、ジャクパコーポレーションほか1社事件（大阪地判平12・9・22労判794・37）があります。また、在職中の競業会社設立等を理由として退職金全額不支給を是認した、ピアス事件（大阪地判平21・3・30労判987・60）、在職中に地位を利用して部下らに新会社への勧誘をして一斉退職させ会社業務に支障を生じさせたことは、それまでの勤続の功を抹消してしまうほどの著しく信義に反する行為であると認め、退職金返還請求を認容した、ソフトウエア興業〔蒲田ソフトウエア〕事件（東京地判平23・5・12労判1032・5）、退職からわずか4か月で会社が敵視していた企業に入社し、代表取締役に就任したことは、退職金の請求が信義に反するものといえるような背信性を有するとして退職金の不支給を認めた、東京コムウェル事件（東京地判平22・3・26労経速2073・27）、退職後1年間同業他社に転職しないという誓約に違反したとして退職金50％の減額を有効とした、ヤマダ電機〔競業避止義務違反〕事件（東京地判平19・4・24労判942・39）、在職中の競業行為を理由に、退職金の45％減額を有効とした、東京貨物社〔解雇・退職金〕事件（東京地判平15・5・6労判857・64）などがあります。

アドバイス

　競業避止義務違反の法的効果としては、使用者から労働者に対する損害賠償請求に加えて、当該競業行為の差止請求がありますが、使用者の営業上の利益を現に侵害され、又はその具体的なおそれがある場合には、差止請求が許容されることがあります。また、退職金支払拒否や退職金返還が認められることがあります。

【51】　退職後の秘密保持義務は

 　退職後の秘密保持義務とはどのようなものでしょうか。不正競争防止法との関係はどうなっていますか。

A　労働者の秘密保持義務は、労働契約上の信義則ないしこれに付随する誠実義務に基づくもので、退職後も当然にこれが継続されるものではなく、退職後も秘密保持義務を課すためには、契約上の根拠を要します。

不正競争防止法では、営業秘密を保護する規定が設けられており、労働者が営業秘密を漏えいする行為は、同法による禁止の対象となります。同法による規制は、労働契約の存続中だけでなく、退職後にも及ぶと解されます。

解　説

1　退職後の秘密保持義務

(1)　契約上の根拠が必要

労働者の秘密保持義務は、労働契約上の信義則ないしこれに付随する誠実義務に基づくもので、退職後も当然にこれが継続されるものではなく、退職後も秘密保持義務を課すためには、特約や就業規則等の根拠を要します。何らの明示の約定がない場合には、労働契約終了後は付随義務としての秘密保持義務も同時に終了し、原則として労働者が秘密保持義務を負うことはありません。

また、特約等が過度に広範であったり、必要性が乏しかったりする場合には、その特約や就業規則等は、公序良俗違反で無効となり（民90）、就業規則の場合は合理性（労契7）も否定されます。なお、秘密保

持義務の定めが有効で、かつ、労働者に同義務違反があった場合には、使用者からの債務不履行による損害賠償や差止請求が認められる可能性があります。

(2)　規制内容の合理性

　個別の特約や就業規則において、退職後の秘密保持義務を具体的に定めた規定があったとしても、それを広く容認すれば、労働者の職業選択の自由や営業の自由を制限することになってしまうので、対象となる秘密の性質・範囲、価値、労働者の退職前の地位に照らし、当該義務は合理的な範囲に限定されなければなりません。例えば、クリーンケアサービスの営業担当労働者（ルートマン）が入社5年後に、業務に関わる重要な機密事項、特に「顧客の名簿及び取引内容に関わる重要な事項」「製品の製造過程、価格等に関わる事項」について一切他に漏らさないという誓約書を提出した事案で、「労働契約関係にある当事者において、労働契約終了後も一定の範囲で秘密保持義務を負担させる旨の合意は、その秘密の性質・範囲、価値、労働者の退職前の地位に照らし、合理性が認められるときは、公序良俗に反しない」とし、誓約書の合理性を肯定しています（ダイオーズサービシーズ事件＝東京地判平14・8・30労判838・32）。

2　不正競争防止法における営業秘密の保護

　不正競争防止法では、営業秘密を保護する規定が設けられており、労働者が営業秘密を漏えいする行為は、同法による禁止の対象となり、同法による規制は、労働契約の存続中だけでなく、退職後にも及ぶと解されています。

　不正競争防止法においては、「営業秘密」は、「秘密として管理されている生産方法、販売方法その他の事業活動に有用な技術上又は営業上の情報であって、公然と知られていないものをいう」（不正競争2⑥）と定義され、禁止される「不正競争」の1つとして、事業者から示され

た営業秘密を、不正の利益を得る目的や営業秘密保有者に損害を加える目的（図利加害目的）で使用し又は開示する行為を挙げ（不正競争2①七）、保護される情報を、①秘密管理性、②有用性、③非公知性の3要件を満たす情報に限定しています。

したがって、労働者が上記行為を、労働契約の存続中又は退職後に行った場合には、営業秘密の保有者である使用者から、差止め（不正競争3）、損害賠償（不正競争4）や信用回復の措置（不正競争14）などを求められ、一定の態様の使用・開示等については、刑事罰の対象にもなっています（不正競争21）。なお、前述のとおり、同法で保護される「営業秘密」の範囲は限定されており（不正競争2⑥）、この範囲を超える秘密情報の使用・開示等については、1に述べた信義則ないし特約に基づく秘密保持義務の問題となります。

アドバイス

　労働者の秘密保持義務は、労働契約上の信義則ないしこれに付随する誠実義務に基づくもので、法律上明記されていたり（国公100①、地公34①など）、不正競争防止法に基づく場合を除いて、退職後も秘密保持義務を課すためには、契約上特約若しくは就業規則上の根拠を要します。何らの明示の約定がない場合には、労働契約終了後は秘密保持義務も同時に終了し、原則として労働者が秘密保持義務を負うことはありません。また、対象となる秘密範囲も、秘密の性質、価値、労働者の退職前の地位等に照らし合理的な範囲に限定されなければなりません。

参考判例

○秘密保持義務は当然には退職後に及ぶことはないとしつつ、本ケースでは、労働者が在職中に持ち出した秘密情報を退職後に漏えいした行為が就業規則違反とされた事例（ただし、損害の立証がないとして損害賠償請求は棄却）（レガシィ事件＝東京地判平27・3・27労経速2246・3）

第 5 章

・・・・・・・・・・・・・・・・・・・・・・・・・・・・・

解雇の撤回・無効後
の復職

180

第1　手続上の留意点

【52】　復職に当たり、労働者の賃金、勤務形態を変更する場合の留意点は

Q　解雇無効に伴う労働者の復職に際して、使用者が復職労働者の賃金、勤務形態を変更する場合の留意点は何でしょうか。

A　解雇無効の場合、使用者は労働者に対して原状回復義務を負っていることから、原則として従前同様の労働条件で復職させる義務があり、就業規則の規定によって、従来の賃金、勤務形態と異なる復帰条件を提示する場合も、従来と比して不利益なものであってはなりません。

解　説

1　原状回復義務

　解雇が無効とされた場合、使用者は労働者に対して、原則として原状回復義務を負っていることから（民121の2）、従前同様の労働条件で復帰させる義務があります。この場合、具体的な復職条件は、まず復職日を定め、未払賃金の支払（社会保険、税金の控除）、労働者の社会保険の被保険者資格喪失届の取消手続等を行うとともに、復職条件は、次に述べるように従前と同様の労働条件とすることになります。

1　原告は、令和4年○月△日から、被告会社での就労を開始することを確認する。

> 2　被告会社は原告に対して、本件紛争を理由として、就業規則の適用、有給休暇の付与日数、昇進その他の処遇、配置転換及び退職金の金額等に関して不利益な取扱いを行わないことを確約する。
> 3　原告は、令和4年○月△日から、被告会社○○課所属の労働者として、従前と同様の労働条件で○○業務に従事するものとする。

2　復職後の賃金・勤務条件

　使用者は1で述べたとおり、「解雇撤回」後の労働者の復帰後の職場環境につき、原則として従前と同様にすることが求められ、仮に従前の部署やポストが廃止されていたり、他の者が充足している場合にはそれと同等のものを用意すべき義務を負います。そのために使用者は、信義則上誠意を持って労働者と協議することが求められ、それを怠った場合には、地位確認、賃金請求に加えて不法行為責任を問われることもあり得ます。

　例えば、使用者が解雇撤回後、労働者に対して十分な説明をすることなく、全く異なる勤務場所での復職を命じ、これに対して労働者が復職を拒否したことから再度解雇したケースで、判決は「（使用者は労働者を）元の職場には復帰させず直ちに配転を命じたものであるが、原告（労働者）にとってその時点で（復職先である）赤坂分室の実態等が明確にされていなかったことは前記のとおりであったため、原告が本件業務命令の内容について代理人弁護士を通じて話合い及び説明を求め、かつ、原告は本件業務命令自体に従わない旨の意思を表示していたものではないにもかかわらず、被告（使用者）は原告代理人弁護士からの話合い及び説明要求の申入れに全く応じず、たびたび内容証明や電報の送付及び原告の自宅を訪問するなどの方法により、原告本人とのみ交渉する態度を示し、結局原告本人とも面談できないままとなって配転の必要性について原告に説明をした事実もないのであり

（中略）、被告の配転命令権の濫用として無効であるというべきであ」り、「本件解雇は正当な解雇事由の存しない無効なものと認められるから、原告は被告の労働者としての地位を有するというべきである。」旨判示しています（日経団総合コンサルティング事件＝東京地判平12・4・11労判797・89。同旨：アリアス〔懲戒解雇〕事件＝東京地判平12・8・25労判794・51）。

3　賃金・勤務形態の変更

　2で述べたとおり、労働者の復職に際して、使用者が従来の賃金、勤務形態と異なる復帰条件を提示することは、原則として許されません。もっとも、一般に勤務地や職種については、就業規則等で「会社の都合により勤務地や職種を変更することがある」と規定されていることから許されることになりますが、この場合も、従来の処遇よりも不利益なものであってはならず（労契9）、したがって、会社が復職条件として給与を減額したり、正規から非正規への変更指示などは許されません。なお、労働者の勤務地や従事する職種が特定されている場合、労働者の合意なく変更することはできません（日本レストランシステム事件＝大阪高判平17・1・25労判890・27など）。

アドバイス

　使用者は労働者の復職に際して、給与を減額したり、正規から非正規への変更など従来の処遇を不利益に変更することは許されませんので、注意が必要です。

【53】　解雇無効が決定した時点で休職期間が満了している場合に休職期間を延長する際の留意点は

Q　　休職中の労働者につき、解雇無効が決定した時点で、休職期間が満了している場合に、休職期間を延長する際の留意点は何でしょうか。

A　　休職延長命令は、合理的な必要性が認められなければ、権利濫用として無効と解されることになり、むしろ使用者には、労働者が復職できるよう業務負担を軽減するなどの配慮が信義則上義務付けられています。

解　説

1　休　職

　休職は、労働者による労務提供が相当期間にわたって不能若しくは困難となる事由（＝休職事由）が生じた場合に、労働関係を維持しつつ所定期間、労働者に命じて労務提供を休止させる制度をいいます。実際には、病気（傷病）休職、組合専従休職、公職休職、起訴休職、出向休職、一時帰休などがあり、最もよく争われるのは、私傷病による休職（病気休職）です。

2　病気休職

　労働者が業務上傷病（＝労災）の場合には、療養期間中の解雇制限規定がありますが（労基19）、私傷病により業務遂行が困難となった場合には、会社は、安全（健康）配慮義務（労契5）の一環として、業務内容・勤務時間の配慮などと組み合わせつつ、労働者に対して病気休職

により療養の便宜と機会を与え、病状の回復・改善を待つのが通例です（特に長期雇用慣行の企業）。

　業務外の傷病による長期欠勤が一定期間に及んだときに、「病気休職」（通常3〜6か月）が行われ、休職期間の長さや期間中の賃金、勤務年数の算定の取扱いなどは、企業ごとに様々ですが、労働者が傷病から回復（＝治癒）して就労可能となれば休職は終了して復職となり、回復せず期間満了となれば、自然（自働）退職又は解雇となり、実質的には、この制度の目的は解雇猶予の機能を有することになります。

　したがって、争いの多くは、復職の要件である「治癒」をめぐるものとなり、近年の裁判例は、病気休職期間の満了時において、休職前の業務を支障なく遂行できるほどに完全な回復はしていないものの、勤務軽減を行いながら段階的に職場復帰すれば、完全復帰が可能であるような場合には、健康配慮義務の履行として使用者に対してそのような配慮を行うことを求めており、解雇についても同様の対応が求められます。

　他方、従前の業務に復帰できる状態ではないものの、より軽易な業務には就くことができ、そのような業務での復職を希望する場合には、使用者は現実に配置可能な業務の有無を検討する義務があるとし、それをすることなくなされた退職扱い・解雇は無効とされています（ＪＲ東海事件＝大阪地判平11・10・4労判771・25）。

　また、職種（業務）が限定されている労働者についても、直ちに従前業務に復帰できないとしても、比較的短期間で復帰することが可能である場合には、使用者は短期間の復帰準備期間を提供したり、復帰訓練の措置をとったりすることが信義則上求められるとして、それをすることなくなされた退職扱い・解雇は無効とされています（全日空事件＝大阪高判平13・3・14労判809・61）。

　労働者の健康が回復して復職が可能となった場合、使用者は可能な

限り元の職に就けるよう努めるという信義則上の義務を負います。他方、休職期間が満了したが、傷病が治癒せず復職が客観的に可能とならない場合、労働者の退職扱い若しくは解雇の可能性が生じます。

3　休職命令（休職期間延長）の可否

　休職は、退職・解雇の猶予措置として労働者の利益となる場合がありますが（特に病気休職）、その期間中無給若しくは減給となるとともに勤続期間に算入されないなどの大きな不利益をもたらします。こうした休職の性格を考慮すると、休職命令は合理的な根拠を備えている必要があり、他方、病気等の治療により休職事由が消滅し、労働者が医師の診断書を示して復職を求めている場合には、使用者は合理的根拠なしにそれを拒否することは許されません。

　休職には合理的な必要性が認められなければ、休職命令（休職延長命令を含みます。）は、権利濫用として無効と解され、むしろ使用者は、労働者が復職できるよう業務負担を軽減するなどの配慮をすることを信義則上義務付けられると解されます。したがって、休職していた労働者が復職の意思を表示したときに、復職が可能かどうかを試し、本格的復職に向けて訓練するために、リハビリ出勤させることも使用者の配慮義務の一内容と解され、このリハビリ出勤が休職期間中の復職準備のための事実上の作業従事なのか、復職後の勤務軽減としての就労に当たるのかは、休職期間満了の時点の決定や賃金請求権の有無に影響を及ぼすことから、リハビリ出勤の制度上の趣旨や業務の内容（どの程度本来業務に近いか）などの実態から判断すべきことになります。

　労働者の健康が回復して復職が可能となった場合、使用者は可能な限り元の条件で元の職に就けるよう努めるという信義則上の義務を負っています。

4　使用者が積極的に休職等を検討すべき場合

　日本ヒューレット・パッカード事件（最判平24・4・27労判1055・5）は、欠勤の原因が精神的な不調であることをうかがわせる事情が存するにもかかわらず、欠勤を理由として労働者を諭旨退職処分とした事案で、「精神科医による健康診断を実施するなどした上でその診断結果等に応じて、必要な場合は治療を勧めた上で休職等の処分を検討し、その後の経過を見るなどの対応を採るべきである」旨判示し、諭旨退職処分を無効としています。

　この点について厚生労働省は、平成16年10月14日、「心の健康問題により休業した労働者の職場復帰支援の手引き」を発表し（平成21年3月23日改訂）、使用者に対し、職場復帰支援が組織的、計画的に行われるよう積極的に取り組むことが必要であるとしています。

アドバイス

　休職は、退職・解雇の猶予措置として労働者の利益となる場合がありますが（特に病気休職）、その期間中無給若しくは減給となるとともに勤続期間に算入されないなどの大きな不利益をもたらします。こうした休職の性格を考慮すると、休職（延長）命令には合理的な必要性が認められなければならず、そうでない場合、権利濫用として無効と解され、むしろ使用者はこのような場合、労働者が復職できるよう業務負担を軽減するなどの配慮をすることを、信義則上義務付けられると解されます。

【54】　復職した労働者の人事評価・昇給の取扱いは

 　　復職した労働者につき、人事評価・昇給等の取扱いは
どのようにすべきでしょうか。

　　労働者が解雇を争っていたことを理由として、人事考
課で低い査定をしたり、賃金や昇格で他の労働者と格差
をつけることは許されず、また休職していた労働者につき、休職
期間中の賃金カット（ノーワークノーペイの原則）やそれに基づ
く評価を超えて、昇格差別を行うことは許されません。

> 解　説

1　人事考課

　わが国の企業では、労働者の役職や資格、等級上の位置付けや賃金
決定は、上司等が労働者を観察して行う人事考課（査定）に基づいて
決定されることが一般的であり、様々な事情が観察・評価の対象とさ
れ、いわゆる職能資格制度下では、能力（経験、訓練などを通して蓄
積された職務遂行能力）や、情意（仕事に対する姿勢、勤務態度）、業
績（当該期間における成績、貢献）などが評価の対象とされます。

　裁判例は、このような人事上の措置について、労働契約上予定され
ている使用者の有する人事権の発動と捉え、それが法律、労働協約、
就業規則、労働契約等によって制限を受けていると解しています（エ
ーシーニールセン・コーポレーション事件＝東京高判平16・11・16労判909・77、
NTT西日本〔D評価査定〕事件＝大阪地判平17・11・16労判910・55、広川書店事
件＝東京地判平18・4・28労判917・30など）。

　すなわち、使用者はこれらを基にした人事権の発動として、人事評

価や昇給等の人事考課を行う際は、まず①法令の制約を受け、例えば労働者に不利益となる人事異動が労働者の組合所属を理由としてなされた場合（労組7一）、信条を理由とする場合（労基3）、性別を理由とする場合（雇均6一・三）、妊娠・出産等を理由とする場合（雇均9③）、育児休業を理由とする場合（育児介護10）等は違法として当然無効としています。

　次に②人事考課の目的・動機や手段の点で人事権濫用（労契3④⑤など）とされる場合も、同様に違法無効と解されています。例えば、所定の評価基準ではなく退職勧奨拒否を理由とした降級処分を裁量権逸脱として無効とした例（マッキャンエリクソン事件＝東京高判平19・2・22労判937・175）、会社の意に沿わない言動を行った労働者に対する嫌がらせ・見せしめ目的の人事考課を人事権濫用として違法とした例（日本レストランシステム事件＝大阪地判平21・10・8労判999・69）などがあります。

　また、人事考課の対象外とされるものを対象とする場合（前掲マッキャンエリクソン事件、国際観光振興機構事件＝東京地判平19・5・17労判949・66、マナック事件＝広島高判平13・5・23労判811・21など）も違法無効とされています。

　さらに、③労働協約や就業規則違反の場合も違法無効とされ、例えば人事異動の要件・基準を定める条項や、人事異動に際して労働組合の同意若しくは労働組合との協議などを要する旨定める条項（人事同意書・協議条項）が設けられている場合には、その手続が遵守されない場合、違法無効とされます。

　以上①〜③のいずれも、労働者は債務不履行又は不法行為として損害賠償請求ができることになります。特に賃金や昇進・昇給に関する人事考課は労働者の処遇（賃金等）に与える影響が大きいことから、その適法性はより慎重に判断されることになります。具体的には、使用者の人事考課や公正・適正評価の判断において、明確で実現可能な

目標・基準が設定され、恣意的でない評価がなされているか（制度の明確性・透明性）、労働者の納得を得るための公正な手続が踏まれているか（手続の公正さ）等が、適法性を判断する重要な要素となるものと解されます。

2　復職労働者の人事評価・昇給

　前記1で述べたとおり、人事考課は、法令違反や目的・動機・手段などの点で人事権濫用があってはならず、例えば社長批判発言を繰り返していた労働者につき、審査対象期間内での能力評価にとどまらず、その後の期間も考査に加えた上で降格とボーナス減額をしたケースで、違法とした前掲マナック事件などがあります。

　したがって、労働者が解雇を争っていたことを理由として、人事考課で低い査定をしたり、賃金や昇格で他の労働者と格差をつけることは許されず、また休職していた労働者につき、休職期間中の賃金カット（ノーワークノーペイの原則）や、それに基づく評価を超えて昇格差別を行うことは許されません。

> ### アドバイス
>
> 　人事考課・昇給等に関する人事評価は、目的・動機・手段等適切なものが要求され、労働者が解雇を争っていたことを理由として、人事考課で低い査定をしたり、賃金や昇格で他の労働者と格差をつけることは許されず、また休職していた労働者につき、休職期間中の賃金カット（ノーワークノーペイの原則）や、それに基づく評価を超えて昇格差別を行うことは許されません。

【55】　復職和解と社会保険・労働保険の取扱いは

 　復職和解の際、社会保険や労働保険の取扱いに関して留意点は何でしょうか。

A 　労働者が解雇撤回により復職する場合、通常、解雇日に遡って社会保険や労働保険の被保険者資格を回復することになり、和解条項には、使用者が解雇期間中の被保険者資格喪失届の取消手続を取ることや、各保険料の労働者負担分の処理、金額等について明確にしておく必要があります。

解　説

1　復職と社会保険等の遡及加入

　労働者が解雇撤回により復職する場合、通常（ただし、何らかの事情で解雇日を合意退職日とし、和解日に再度復職する合意などの場合は以下の手続は不要となります。）、解雇日に遡って社会保険や労働保険の被保険者資格を回復することになり、和解条項には、使用者が解雇期間中の被保険者資格喪失届の取消手続を取ることや、各保険料の労働者負担分の処理、金額等について明確にしておく必要があります。

2　和解条項

> 1　会社は、労働者Aに対してなした令和3年10月1日付け解雇の意思表示を撤回し、Aは令和4年12月3日から会社での就労を開始することを相互に確認する（注1）。
> 2　会社は、労働者Aに対し、令和3年10月2日から令和4年12月2日までの賃金（源泉所得税、社会保険料控除後の金額。ただし、住民税を除く。）

として、金○○○円の支払義務があることを認め、令和4年12月末日限りAの口座に振り込み支払う。ただし、振込手数料は会社の負担とする（注2）。

3　会社は、本件和解成立後、速やかに労働者Aに係る健康保険、厚生年金保険及び雇用保険の被保険者資格喪失届の取消手続をする（注3）。

4　会社は、労働者Aに対し、本件紛争を理由として、就業規則の適用、有給休暇の付与日数、昇進その他の処遇、配置転換及び退職金の金額等に関して不利益な取扱いを行わないことを確約する。

5　会社と労働者Aは、当事者間に、本和解条項に定めるもののほか、何らの債権債務がないことを相互に確認する。

（注1）　復職に際してのトラブルを避けるため、次のような労働条件を定めることが望ましいでしょう。

> Aは、令和4年12月3日から、会社総務課所属労働者として、従前と同様の労働条件で総務業務に従事するものとする。

（注2）　未払賃金には、解雇期間中の賞与や残業代相当額も含め、さらにAの解雇に際して、解雇予告手当や退職金などを支払っていた場合には、次のように規定する必要があります。

> 会社とAは、会社がAに令和3年10月1日以降令和4年12月3日までに支払った解雇予告手当、退職金等の金員及び仮処分命令に基づき支払った仮払金につき、同期間分の賃金に充当することに合意する。ただし、上記金員には同期間の賞与、残業代相当額を含むものとする。

　ちなみにAが40歳以上の場合には、介護保険料も徴収する必要があります。

（注3）　労働者Aが雇用保険の仮給付を受けていた場合には、返還手続を速やかに行うことをAに確約させる必要があるでしょう。

【56】　私傷病休職による解雇労働者が復職する際の留意点は

　　メンタル不全等による私傷病休職を理由とする解雇が無効とされた労働者が復職する際の留意点は何でしょうか。

　　労働者がうつ病等の精神疾患に陥った場合に行う使用者の職場復帰支援義務は、メンタルヘルスケアの一環として求められるものの典型であり、その具体的内容は、厚生労働省が5つのステップとして示しており、さらにメンタル不調による休職社員の復帰プロセスにおいて特に留意すべきは上司、同僚によるサポートとその支援です。

解　説

1　休職満了解雇の有効性

　労働者が業務に従事したことに起因して傷病を負った場合には、療養期間中の解雇の制限規定がありますが（労基19）、私傷病により業務遂行が困難となった場合、企業は安全（健康）配慮義務（労契5）の一環として、業務内容・勤務時間の配慮や、傷病休暇・傷病休職などの休業制度により療養の便宜と機会を与え、病状の回復・改善を待つのが通例です。

　傷病休職期間満了による退職扱いの是非については、傷病が「治癒」したといえるかどうかが問題となり、近年の裁判例は、休職前の業務を支障なく遂行できるほどの完全な回復はしていないが、業務内容や勤務時間等において使用者が対応可能な勤務軽減を行いながら段階的に職場復帰すれば、完全復帰が可能であるような場合には、健康配慮

義務の履行としてそのような配慮を行うことを求めており、解雇についても、同様の対応の仕方が求められます。

　また、障害者の雇用の促進等に関する法律により、解雇を含む差別が禁止され（障害雇用35）、当該労働者の障害の特性に配慮した必要な措置（合理的配慮）を講じることが事業主に義務付けられ（障害雇用36の3）、これらの合理的配慮を講じることなくなされた解雇は、権利濫用又は信義則違反として無効と解されることになります。

　特に、片山組事件最高裁判決（最判平10・4・9労判736・15）が、病気療養のため現場監督業務の代わりに内勤業務を希望した労働者に対する無給の自宅待機命令につき、「労働者が職種や業務内容を特定せずに労働契約を締結した場合においては、現に就業を命じられた特定の業務について労務の提供が十全にはできないとしても」、「当該労働者が配置される現実的可能性があると認められる他の業務について労務を提供することができ、かつ、その提供を申し出ているならば、なお債務の本旨に従った履行の提供があると解するのが相当である」として自宅待機命令を無効とし、この判決を契機として、「治癒」の意義についても、同判決の判旨を応用する裁判例が相次ぐようになっています。

2　復職条件の整備

　何らかの疾病による休職を余儀なくされた労働者が職場に復帰する場合、使用者は労働契約における信義則上の付随義務として、物心両面にわたり良好な状態で就業できるよう、当該労働者の職場復帰支援義務があります（労契5）。

　労働者がうつ病等の精神疾患に陥った場合に行う使用者の職場復帰支援義務は、メンタルヘルスケアの一環として求められるものの典型であり、その具体的内容は、「改訂　心の健康問題により休業した労働者の職場復帰支援の手引き」（厚生労働省）において5つのステップと

して示しており、このような具体的な手立ては、同時にメンタル不全の労働者を予防することにもつながるものです。

<職場復帰支援の流れ>

<第1ステップ>
病気休業開始及び休業中のケア

① 病気休業開始時の労働者からの診断書（病気休業診断書）の提出
② 管理監督者におけるケア及び事業場内産業保険スタッフ等によるケア
③ 病気休業期間中の労働者の安心感の醸成のための対応
④ その他

<第2ステップ>
主治医による職場復帰可能の判断

① 労働者からの職場復帰の意思表示及び職場復帰可能の診断書の提出
② 産業医等による精査
③ 主治医への情報提供

<第3ステップ>
職場復帰の可否の判断及び職場復帰支援プランの作成

① 情報収集と評価
　⑦ 労働者の職場復帰に対する意思の確認
　④ 産業医等による主治医からの意見収集
　⑦ 労働者の状態等の評価
　④ 職場環境等の評価
　⑦ その他
② 職場復帰の可否についての判断
③ 職場復帰支援プランの作成
　⑦ 職場復帰日

┌───┐
　⑦　管理監督者による就業上の配慮

　⑦　人事労務管理上の対応

　㋒　産業医等による医学的見地からみた意見

　㋓　フォローアップ

　㋔　その他
└───┘

↓

┌───┐
＜第4ステップ＞

最終的な職場復帰の決定
├───┤
①　労働者の状態の最終確認

②　就業上の措置等に関する意見書の作成

③　事業者による最終的な職場復帰の決定

④　その他
└───┘

↓

┌───┐
職場復帰
└───┘

↓

┌───┐
＜第5ステップ＞

職場復帰後のフォローアップ
├───┤
①　疾患の再燃・再発・新しい問題の発生等の有無の確認

②　勤務状況及び業務遂行能力の評価

③　職場復帰支援プランの実施状況の確認

④　治療状況の確認

⑤　職場復帰支援プランの評価と見直し

⑥　職場環境等の改善等

⑦　管理監督者、同僚等への配慮等
└───┘

(参考：「改訂　心の健康問題により休業した労働者の職場復帰支援の手引き」(厚
生労働省))

3　リハビリ出社の多面的可能性

　これに加えて近年、メンタル不全社員の復職プロセスに際し、労使双方から注目されているのが「リハビリ出社制度」の活用です。同制度は実施するか否かは労使自治に委ねられており、使用者が法的に同制度の実施を義務付けられるものではありませんが、メンタルヘルス不調者の休職・復職問題において重要な役割を果たし得るでしょう。この点について厚生労働省はリハビリ復職制度（厚生労働省は「試し出勤制度」と呼称）について、積極的に評価し、同制度導入を各社に促しています。

　さらに、メンタル不調による休職社員の復帰プロセスにおいて特に留意すべきは上司、同僚によるサポートとその支援です。とりわけハラスメントによるメンタル不調の場合、復職社員は上司、同僚との関係構築に不安を抱えており、人事・産業保健スタッフは復職社員へのサポートはもとより、現場の上司・同僚も安心して復職社員の受入れができるよう、事前にリハビリ出社等の機会を設け、周りの社員らが復職社員の受入れに際し留意すべき点を事前に情報共有すること等は、円滑な復職支援策として極めて重要なのです。

【57】　有期雇用労働者につき、無期転換回避目的の復職条件は

| Q | 有期雇用の雇止めが無効とされた場合、労働者の復職につき無期転換回避目的の条件を付すことは可能でしょうか。 |

| A | 無期転換回避を意図し、法を潜脱するような雇止めは許されず、また雇止めが違法とされた結果、通算契約期間が5年を超える場合には、労働者の無期転換の申込みの意思表示があったとして、無期労働契約上の権利を有する可能性があります。 |

解　説

1　有期契約の雇止め（更新拒否）制限

　有期労働契約に基づく労働関係は、期間の満了によって終了するのが原則ですが、更新拒否が実質上解雇に近い意味を持つ場合には、それを使用者の自由に委ねるのは著しく不適切であることから、判例は一定の場合に、更新拒否に対して解雇法理を類推適用することによって妥当な結果を得ようとしてきました。

　労働契約法19条は、上記判例法理を明文化するとの趣旨で、①有期労働契約が過去に反復更新されたことがあり、その有期労働契約の満了時の不更新による労働契約の終了が、無期労働契約における解雇と社会通念上同視できる場合（労契19一）、②労働者が有期労働契約期間の満了時に労働契約が更新されるものと期待することについて合理的な理由があると認められる場合（労契19二）に、有期労働契約の更新拒

絶に対して解雇法理を類推適用することを規定しています。これら
は、それぞれ判例法理の2類型（東芝柳町型と日立メディコ型）の趣旨
を、その内容を変えることなく法律の文言に表現したものと説明され
ています（平24・8・10基発0810第2「労働契約法の施行について」第5の5(2)イ）。

2　復職条件としての契約更新限度又は不更新条項

　近年、使用者があらかじめ契約の更新限度（例えば1年契約で更新は
4回まで）を定めておいたり、最後の更新の際に次回は更新しない旨の
不更新条項を差し入れたりする例が増えています。しかし、このよう
な定めがあったからといって雇止め法理の適用が当然なくなるという
わけではなく、他の事情なども合わせて労働者の更新の期待に合理性
があったか否かを判断し、雇止め法理が適用されるか否かが決定され
ます。

　更新期待に合理性が認められるか否かは、労働契約関係上の信義則
に基づき、労働者の信頼を保護すべきか否かという問題であり、更新
に関する契約の形式・文言ではなく、実態に照らして判断されること
になります。例えば、人員整理を理由として雇止めがなされたケース
で、判決は、人員整理的雇止めとしての客観的合理性・社会的相当性
が肯定される場合に限り、雇止めが認められるとし、「被告は、本件雇
止めに当たって、宇都宮市の人事課から原告につき労働契約法18条1
項が適用され、それまでの有期労働契約が期間の定めのない労働契約
に転換されないよう人員整理を行うべき旨の指導を受けていたという
のであるから」「被告は、財政援助団体である宇都宮市（人事課）から
の指導を唯々諾々と受け入れ、本件の人員整理的な雇止めを実行した
ものであって、その決定過程において本件雇止めを回避するための努
力はもとより、原告を雇止め者として選定することやその手続の妥当

性について何らかの検討を加えた形跡は全く認められないのであるから、これらの事情を合わせ考慮すると、人員整理を目的とした本件雇止めには、客観的な合理性はもとより社会的な相当性も認められ」ない旨判示した、グリーントラストうつのみや事件（宇都宮地判令2・6・10労判1240・83）などがあります。

また、雇止めが労働契約法19条により違法とされた結果、通算契約期間が5年を超える場合には、労働契約法18条に基づき、労働者の無期転換の申込みの意思表示があったことを認定し、無期労働契約上の権利を有する地位確認判決が言い渡される可能性があります。例えば、契約が8回更新され、通算9年に及ぶ幼稚園長のケースで、判決は「本件更新拒絶の理由として被告が主張する事情は、いずれもその合理性を基礎付けるものとしては認められ」ず、「原告と被告との労働契約は、通算契約期間が5年を超えるものであるところ、原告が被告に対し、平成30年5月7日、期間の定めのない労働契約の締結を申し込んだことにより、労働契約法18条1項に基づき、被告はこれを承諾したものとみなされるから、原告は、被告に対し、期間の定めのない労働契約上の権利を有する地位にあることになる」旨判示した、学校法人信愛学園事件（横浜地判令2・2・27労判1226・57）があります。

なお、これまでの裁判例では、契約更新限度を定めたとしても、当初から雇用継続を期待させるような会社幹部の言動等があったケースや、契約更新限度を設定したものの、労働者は不更新条項に異議を付して契約書に署名していたことから、既に更新の期待に合理性があるようなケースでは、更新限度を迎えた時点での雇止めは（客観的合理性・社会的相当性がなければ）違法とされており、例えば、1年契約を4回更新したカンタス航空事件（東京高判平13・6・27労判810・21）、地方独立行政法人山口県立病院機構事件（山口地判令2・2・19労判1225・91）（1年契約等を更新し12年7か月勤務）、博報堂〔雇止め〕事件（福岡地判令2・

3・17労判1226・23）（1年契約を更新し30年勤務）などがあります。

　また、不更新条項を差し入れたとしても、その時点で既に更新の期待に合理性が認められ、労働者が不本意ながら契約書に署名押印をしたケースでは、不更新条項に基づく雇止めが違法とされた、明石書店〔製作部契約社員・仮処分〕事件（東京地決平22・7・30労判1014・83）（7か月契約と1年契約の後、不更新条項を含む1年契約を締結）、高知県公立大学法人〔第2〕事件（高松高判令3・4・2労経速2456・3）（1年契約等を更新し4年6か月勤務）、同じく不更新条項に署名・押印したことによって契約終了の明確な意思を有していたとは認められないとした、東芝ライテック事件（横浜地判平25・4・25労判1075・14）（3か月契約を更新し19年勤務）などがあります。

【58】　和解金と労働保険・社会保険・税金との関係は

　　和解により支払われる金員と雇用保険・社会保険・税金への影響はどのようなものでしょうか。

受け取った金員が実質的に賃金としての性質を有する場合は、名目にかかわらず、雇用保険料・社会保険料、税金の対象になり、雇用保険料・社会保険料・源泉所得税の算定の基礎となる賃金額に変動が生じます。

解　説

1　和解における支払金員名目と各種保険料

　名目にかかわらず、受け取った金員が実質的に賃金としての性質を有する場合は、雇用保険料・社会保険料、税金の対象になり、雇用保険料・社会保険料・源泉所得税の算定の基礎となる賃金額に変動が生じます。他方、実質的に賃金としての性質を有しない場合は、各保険料を支払わないで済む一方で、その後に退職した場合の失業保険の給付額や年金額に影響が生じることになります。

　ただし、実質が賃金としての性質を有するにもかかわらず、解決金名目とし、会社が賃金として扱わないことにより、本来受け取るはずの労働保険、社会保険の給付額が低くなることがあるので注意が必要です。

2　賃金と所得税

　解雇を争った後に復職する場合には、争っていた期間のバックペイ（過去の給与の未払額）の全部又は一部が和解により支払われること

になることが多いでしょう。本来は、その給与所得の基礎となる労働がなされたはずの暦年の給与所得として支払われ、それに対して会社の源泉徴収義務が発生することになります。

　会社が源泉徴収義務を負う期限は、現に支払をした日の翌月10日（納期の特例適用時は1月から6月までに支払った給与等については7月10日、7月から12月までに支払った給与等については翌年1月20日が納期限）までですから、和解金の全額を一度に支払ったものとして会社が源泉所得税を納付します。

　そこで、和解条項には、和解金は源泉徴収後の金額であること、会社が源泉徴収票を交付すべきことを明記しましょう。また、会社には暦年を超えても年末調整の再調整をする義務がありますので、再調整により還付金を受け取り、場合によっては追加納税が必要となる場合があります。仮に会社が年末調整の再調整に応じない場合は、労働者は自分で税務署での確定申告を行い、その年の所得税を精算する必要があります。

3　労災保険給付等と課税

　労災保険給付金等や損害賠償金は、以下に述べるとおり原則として非課税とされます。

① 　労災保険並びに健康保険の保険給付は、所得税や住民税は課税されません（労災12の6、健保62）。

② 　損害賠償金又はこれに類するもので、心身に加えられた損害又は突発的な事故により資産に加えられた損害に基因して取得するものについては、非課税所得とされています（所税9①十八）（ただし、所得税法施行令30条に定める損害賠償金に限ります。）。

第2　実施上の留意点

【59】　復職に当たり、労働者が配置転換を希望してきた場合は

　　復職した労働者が、配置転換を希望してきた場合、どのような点に注意すればよいでしょうか。

　　　解雇や退職は、当該労働者の就労場所での上司や同僚等とのトラブルに起因することが多く、しかも解雇等が無効とされた場合、当該労働者の復職に際して、使用者は職場環境配慮義務（労契5）の観点からも、復職労働者の就労条件に対する希望に配慮する義務があります。

解　説

1　復職条件

　解雇が無効とされた場合、使用者は労働者に対して、原則として原状回復義務を負っていることから（民121の2）、従前同様の労働条件で復帰させる義務があります（【52】参照）。したがって、労働者が復職条件として従前と異なる場所、部署への配置転換を希望しても、使用者は原則として労働者の希望に応じる義務はありません。

2　配置転換の希望

　しかしながら、労働者の他部署への配置転換の希望に、合理的な理由がある場合には、使用者にはかかる希望に配慮する義務が生じるこ

とがあります。そのような例としては、最近ではハラスメントによる労使紛争が典型例といえます。

3　職場環境配慮義務

　ハラスメントが発生した場合、使用者はハラスメントに対する無理解から、しばしばそれを放置し、被害者が更に追い詰められ自殺に至ったり、あるいは「加害者」に対して懲戒処分や配転等一定の制裁をするものの、申立てをした「被害者」に対しても、「協調性に欠ける」等と称して退職勧奨や解雇等の不利益取扱いをすることがあり（いわば「喧嘩両成敗」）、このような行為は、ハラスメントを原因とした被害者の人的利益のみならず、職場環境に対する被害を拡大するものであり、使用者は職場環境配慮義務の一環としてこのような被害拡大を回避する義務を負っています。

　労働施策の総合的な推進並びに労働者の雇用の安定及び職業生活の充実等に関する法律は、パワハラ等のハラスメントに対して、「事業主は、労働者が前項の相談を行ったこと又は事業主による当事者相談への対応に協力した際に事実を述べたことを理由として、当該労働者に対し解雇その他不利益な取扱いをしてはならない。」（労働施策推進30の2②）と規定し、更に指針において、行為者に対する懲戒処分等の措置や謝罪などと合わせて、当事者間の関係改善に向けて必要な援助や配転、被害者の労働条件上の不利益の回復等の措置を講ずることが規定されているのは、この趣旨からです。

　使用者はこのような場合、上記義務履行の一環として、復職労働者に対して、配転を含む環境整備を行う義務があります。

アドバイス

　労働者の他部署への配置転換の希望に、合理的な理由がある場合には、

使用者にはかかる希望に配慮する義務が生じることがあり、特に、解雇や退職は、当該労働者の就労場所での上司や同僚等とのトラブルに起因することが多く、使用者は職場環境配慮義務（労契5）の観点からも、復職労働者の就労条件に対する希望に配慮する義務があります。

【60】　事業再編等で元の職場（ポスト）がなくなっている場合は

Q　労働者が職場復帰しようとしたところ、会社の事業再編で元の職場（ポスト）がなくなっている場合はどうなるのでしょうか。

A　会社の事業再編には、合併、事業譲渡、会社分割等様々な形態がありますが、事業再編によりポストがなくなっている場合、その形態により対応が異なってきます。

解　説

1　事業再編と職場復帰

会社の事業再編には、合併、事業譲渡、会社分割等様々な形態がありますが、解雇が無効とされた場合、使用者は労働者に対して、原則として従前同様の労働条件で復帰させる義務があり、会社の事業再編によりポストがなくなる場合、会社の事業再編の形態により対応が異なってきます。

2　合併と職場復帰

まず会社の合併の場合、旧会社は解散によって消滅し、存続会社若しくは新設会社が、解散会社の労働者の雇用も権利義務も包括的に承継することになります（会社2二十七・二十八・748・749以下・753以下・750・754）。したがって、合併に伴い従前のポスト等がなくなった場合、事業組織の再編成や労働条件の統一が必要とされることから、他のポストへの配転等は、業務上の必要性から合理性が認められることになり

ます。判例でも業務上の必要性について「余人をもっては容易には替え難い」という高度の必要性には限定されず、「労働力の適正配置、業務の能率増進、労働者の能力開発、勤労意欲の高揚、業務運営の円滑化など企業の合理的運営に寄与する点が認められる限り、業務上の必要性の存在を肯定すべきである」とする、東亜ペイント事件（最判昭61・7・14労判477・6）があります。また、従前のポストが職種限定、地域限定とされていた場合でも、不当な動機目的や労働者の生活上の不利益が著しくない限り、配転は有効とされます。

　もっとも、合併に伴い従来よりも賃金等が低下した場合も、労働条件の統一を図る限り許されるとされます（大曲市農業協同組合事件＝最判昭63・2・16労判512・7）。

3　事業譲渡と職場復帰

　会社の事業譲渡（従来の「営業譲渡」）（会社467・309）は、「ヒト・モノ・カネ」である「有機的一体として機能する財産」（富士林産工業事件＝最大判昭40・9・22民集19・6・1600）を譲渡するものであり、会社合併とは異なり、「特定承継」とも称され、当事者間における雇用関係は、譲渡会社、譲受会社、労働者の三者間の合意によって決まります。すなわち、譲受会社と労働者が雇用の承継に同意する場合には、雇用の承継が行われ、反対に譲受会社又は労働者のいずれかが雇用の承継を拒否した場合には、雇用の承継がなされないことになります。

　一般に、事業譲渡契約の中に労働契約の包括的承継が定められている場合には、譲渡会社における労働条件が譲受会社にそのまま承継され、反対に事業譲渡契約の中に労働契約の承継が記載されず、譲受会社による採用手続・個別合意を経て労働契約が締結される場合には、譲受会社における労働条件（就業規則等）に従うという合意が成立したものと解されます（エーシーニールセン・コーポレーション事件＝東京地判

平16・3・31労判873・33）。

　したがって、従前のポストがもはや存在しない場合には、特段の合意がない限り、譲受会社で示された新しいポストに従うという合意が成立したものと解すべきことになります。

　ちなみに、事業譲渡を理由として労働条件を引き下げ、それに従わない労働者は譲渡対象から排除することは、就業規則変更法理等の脱法行為として許されないものと解されています。例えば、勝英自動車学校〔大船自動車興業〕事件（東京高判平17・5・31労判898・16）は、労働条件変更に同意しない労働者を承継対象から排除する合意は公序良俗に反し無効としており、同じく、月島サマリア病院事件（東京地判平13・7・17労判816・63）は、他の労働者についての退職金の算定例を参考に事業承継前の勤続期間も通算し退職金を支給する合意があったものと推認しています。

4　会社分割と職場復帰

　会社分割は、事業部門の部分的包括承継が行われるもので（会社2二十九・三十）、既存の会社に事業を承継させる吸収分割（会社757以下）と、新設した会社に事業を承継させる新設分割（会社762以下）の2つの形態があります。

　会社分割については、労働者の労働条件の低下等を防止する目的で、会社分割に伴う労働契約の承継等に関する法律が制定され、分割契約書等に記載された労働者は、異議を申し立てない限り、労働契約上の権利義務はそのまま吸収会社・新設会社に承継され（労働契約承継2〜5など）、年次有給休暇の日数、退職金の算定における勤続年数等も、分割会社のものが吸収会社・新設会社に通算され、会社分割を理由として労働条件の不利益変更をすることはできません（平12・12・27労告127（労働契約承継法指針）第2の2(4)）。

　もっとも、承継の前後に就業規則の合理的変更（労契10）を行うこと
は可能とされています（日本アイ・ビー・エム事件＝最判平22・7・12労判1010・
5）。

　したがって、会社分割に伴い新設会社に従前のポストがもはや存在
しない場合には、特段の合意がない限り、吸収会社・新設会社で示さ
れた新しいポストに従うという合意が成立したものと解すべきことに
なります。会社分割に伴うポスト削減の場合は、合併と同様と考えら
れ、配転命令等が原則として有効とされます。なお、賃金等の労働条
件の不利益変更は許されませんが（平12・12・27労告127（労働契約承継法指
針）第2の2(4)）、承継の前後に就業規則を変更する場合は、合理的範囲
内（労契10）で許されることになります。

アドバイス

　会社の事業再編によりポストがなくなる場合、会社の事業再編の形態
により対応が異なり、合併の場合、業務上の必要性から合理性が認めら
れ、事業譲渡の場合、特段の合意がない限り、譲受会社で示された新し
いポストに従うという合意が成立したものとされ、会社分割の場合は、
合併と同様と考えられ、いずれも配転命令等が原則として有効とされま
すが、賃金等の労働条件の不利益変更は合理的な範囲で許されます。

【61】　復職した労働者が在宅勤務を希望している場合は

　　労働者が復職後、勤務場所として在宅を希望している場合はどうしたらよいでしょうか。

　　労働者の職場復帰に際しての要望が合理的なものである限り、使用者は可能な限り配慮すべき義務を負っています。

解　説

1　在宅勤務

　在宅勤務は、労働者の就労場所を自宅とする勤務形態であり、いわゆるテレワーク（情報通信技術ICTを利用して行う事業場外勤務）の一種で、特に新型コロナウイルスの感染拡大を受けて、2020年4月以降急速に導入、実施が拡大したものであり、厚生労働省も「これからのテレワークでの働き方に関する検討会報告書（令和2年12月25日）」を公表するなどテレワークに関する議論が活発化しています。在宅勤務・テレワークは、労働者にとっては、就労場所が自宅となることで通勤時間が削減されて生活時間を確保でき、いわゆるワーク・ライフ・バランスを図れるというメリットがあり、他方使用者にとっても、家庭責任から在宅勤務せざるを得ない労働者の離職防止を図るメリットがあります。さらに、コロナ禍のような緊急時では、通勤、会社での勤務による感染リスクの回避という労使双方にとってのメリットがある反面、在宅勤務は就労を予定されていない私生活の場で行われることから、労働者にとっては、仕事と私生活の境界が曖昧となって長時間労働となりやすいばかりか、プライバシーの確保が困難になるという側面を持っているのです。

2　就労条件としての在宅勤務希望

　解雇が無効とされた場合、使用者は労働者に対して、原則として従前同様の労働条件で復帰させる義務があり、したがって、労働者が復職条件として在宅勤務を希望しても、従前会社での職場勤務であった場合には、使用者は原則として労働者の希望に応じる義務はありません。

　しかしながら、他方使用者には労働者の労働条件等についての職場環境配慮義務があり（労契5）、これらの要請からは労働者の職場復帰に際しての要望が合理的なものである限り、可能な限り配慮すべき義務を負っているといえます。したがって、労働者から復職条件として、在宅勤務の要望が出された場合、使用者は要望の理由等を聞き取った上で、要望が合理的なものである限り可能な限り配慮する義務が生じてくることになり、その場合、在宅勤務の期間や条件を付すことは、合理的なものである限り差し支えありません。また、テレワークのための費用負担や、労働時間把握、労働安全衛生の問題などの労働条件につき、過度に労働者の負担とならないようにすることはいうまでもありません。

3　各国で広がる「在宅勤務権」

　ちなみに諸外国の例を見ると、イタリアでは2020年緊急法律命令で、時限付きではあるものの、一定程度以上の障害者や家庭内に障害者がいる労働者と、14歳以下の子を持つ労働者に対して、スマートワーク（就労場所や時間を労働者自身が決定できる労働形態）を認める立法を行っており、またEUは2019年ワークバランス指令で、各加盟国に対して「一定年数以下の子どもがいる労働者や介護をする労働者が、柔軟な労働編成（リモートによる就労体制の活用を含みます。）を求める権利を確保するよう義務付け」、これを受けて、オランダ、フィンランドでは既に同種の立法がなされ、ドイツでも立法の試みがなされています。

アドバイス

　解雇が無効とされた場合、使用者は労働者に対して、従前同様の労働条件で復帰させる義務があるものの、異なる労働条件である在宅勤務を希望しても、原則として労働者の希望に応じる義務はありません。

　他方、使用者には労働者の労働条件等についての職場環境配慮義務があり（労契5）、これらの要請からは労働者の職場復帰に際しての要望が合理的なものである限り、可能な限り配慮すべき義務を負っているといえます。

【62】　復職後、労働者が年次有給休暇の使用を主張して就労しない場合は

 　労働者が復職後、年休の使用を主張して出勤しない場合には、どうしたらよいでしょうか。

A 　本件で労働者の前年度の不就労日は全て「労働日」「出勤日」として出勤率計算がなされ、それに基づいた欠勤は有給休暇とされます。

解　説

1　年次有給休暇

　年次有給休暇について、労働基準法39条は、使用者に対して6か月以上継続勤務し、出勤率が全労働日の8割以上であった労働者に、勤続年数に応じて10日から20日の年休を付与することを義務付けており、出勤率の計算に際して、業務上の負傷、疾病等による休業期間は、出勤したものとみなすことを規定しています。

　「全労働日」とは原則として、「労働者が労働契約上労働義務を課せられている日」を指し（エス・ウント・エー事件＝最判平4・2・18労判609・12）、就業規則等で休日と定められている所定休日は、全労働日には含まれないものと解されています（平25・7・10基発0710第3など）。

2　年休の取得要件

　「全労働日の8割以上出勤」の要件については、自らの責めに帰すべき事由による欠勤率が特に高い労働者を、衡平の観点からその対象から除外する趣旨で定められたものとされています（八千代交通〔年休権〕

事件＝最判平25・6・6労判1075・21など）。

　したがって、「全労働日」「出勤日」について、労働基準法の趣旨に照らし、労働者が労働義務が課されている日に就労しなかったとしても、不可抗力による休業日、使用者側に起因する経営・管理上の障害による休業日、正当な争議行為（ストライキ、ロックアウト）による不就労日、就業規則等に定められた慶弔休暇等の取得日など、労働者に帰責性のない不就労日については、実務上出勤率算定（出勤日／全労働日＝出勤率）に含めないものと解されています。

　これに対して労働者が、①使用者側の強い帰責性の下で就労できなかったり、②法律上の権利を行使して休業している場合については、使用者の帰責性に対する考慮及び労働者の権利保障の観点から、「全労働日」、「出勤日」について、出勤率算定に含まれるものと解されています。

　したがって、①本件のように裁判所の判決や労働委員会の救済命令を受けて解雇が無効・撤回された場合の解雇日から復職日までの不就労期間や、②労働者が業務上負傷・疾病による休業期間、産前産後休業期間、育児休業、介護休業等育児又は家族介護を行う労働者の福祉に関する法律上の育児・介護休業期間（労基39⑩による「出勤」みなし）などは、いずれも「全労働日」に「出勤」したものとして、年休権取得のための出勤率算定がなされることになります。

3　復職後の年次有給休暇取得

　前掲八千代交通事件は、「無効な解雇によって正当な理由なく就労を拒まれたために、本件係争期間中就労することができなかった場合、係争期間は、労働基準法39条2項における出勤率の算定に当たっては、請求の前年度における出勤日数に算入すべきものとして全労働日に含まれる」としています。

　したがって、本件で解雇されていた労働者の前年度の不就労日は、全て、「労働日」「出勤日」として出勤率計算がなされ、それに基づいた有給休暇については、欠勤とみなされないことになります。

アドバイス

　八千代交通事件の判決を受けて、厚生労働省は「年次有給休暇算定の基礎となる全労働日の取扱いについて」と題する通達（平25・7・10基発0710第3）を発し、「裁判所の判決により解雇の無効が確定した場合」や「労働委員会による救済命令を受けて会社が解雇の取消しを行った場合の解雇日から復職日までの不就労日」は「出勤率の算定に当たっては、出勤日数に算入すべきものとして全労働日に含まれるもの」と取扱いを改めています。

【63】　労働者の復職後に、同じ部署の他の労働者から苦情が出た場合は

Q　労働者が復職したものの、同じ部署の他の労働者から様々な苦情が出てきたときの、使用者の対処はどうすればよいでしょうか。

A　復職労働者は、使用者からの解雇や退職を余儀なくされた時点で、何らかの理由で上司や同僚達との間でトラブルを生じていたことが大半であり、それゆえ復職後の就労に際しては、復帰後の仕事内容の習得に加えて、職場の上司や同僚達とのコミュニケーションの確保、維持が重要な課題となり、復職労働者と同じ部署の他の労働者とのトラブルや軋轢を防止・予防することは使用者の責任とされることになります。

解　説

1　復職と職場環境

　解雇が無効とされた場合、使用者は労働者に対して、原則として従前同様の労働条件で復帰させる義務があり、具体的には復職労働者の従前の業務内容、希望、会社の人事配置、人間関係等に配慮しながら、復職後の配属先を決定することになります（ちなみに使用者が労働者の復職を拒否した場合は、その間の賃金支払義務があります。）。

　ところで、復職労働者は使用者からの解雇や退職を余儀なくされた時点で、何らかの理由で上司や同僚達とのトラブルが生じていたことが大半であり、それゆえ復職後の就労に際しては、復帰後の仕事内容の習得に加えて、職場の上司や同僚達とのコミュニケーションの確保、

維持が重要な課題となります。例えば、使用者が復職労働者の負担軽
減を優先した場合、他の労働者に不公平感を与える可能性があり、反
対に復職労働者本人の状況を十分把握せず、他の労働者の処遇を優先
して本人の負担となるような業務を指示した場合などは、復職労働者
と他の労働者との軋轢が生じることにもなります。

　では、このような状況の対応はどのようにすべきなのでしょうか。

2　使用者・労働者双方の義務

　労働契約においては、労働者の労働義務と使用者の賃金支払義務と
いう基本的権利義務関係に加えて、双方共に相手方の権利や利益を擁
護尊重すべき義務を負っており、このようなものとして、使用者の職
場環境配慮義務、労働者の誠実義務等が規定されています（労契3④）。

　したがって、本件でも使用者は職場復帰した労働者が良好な職場環
境で労務提供ができるよう配慮すべき義務を負っており、他方当該労
働者も職場秩序に則って誠実に労務提供すべき義務を負っており、こ
れらを怠った場合には、相互に義務違反として責任を負う場合があり
ます。

　もっとも会社組織においては、労使間に使用従属関係があり、復職
労働者に対し良好な職場環境を作出することは、第一次的に使用者の
責任とされ、したがって、復職労働者と同じ部署の他の労働者とのト
ラブルや軋轢を防止・予防することは使用者の責任とされることにな
ります。

3　使用者の職場環境配慮義務

　厚生労働省は、心の健康問題で休業している労働者が円満に職場復
帰するための職場復帰プログラムを策定し、休業から復職までの流れ
をルール化することを求めており、本件とは疾病からの休業復職と解
雇からの復職の違いがありますが、復職後の労働環境という点では同

質性があり参考になります。特に、最終ステップとしての職場復帰について、次のように示しています。

(4)　職場復帰における就業上の配慮等
　ア　まずは元の職場への復帰の原則
　職場復帰に関しては元の職場（休職が始まったときの職場）へ復帰させることが多い。これは、たとえより好ましい職場への配置転換や異動であったとしても、新しい環境への適応にはやはりある程度の時間と心理的負担を要するためであり、そこで生じた負担が疾患の再燃・再発に結びつく可能性が指摘されているからである。これらのことから、職場復帰に関しては「まずは元の職場への復帰」を原則とし、今後配置転換や異動が必要と思われる事例においても、まずは元の慣れた職場で、ある程度のペースがつかめるまで業務負担を軽減しながら経過を観察し、その上で配置転換や異動を考慮した方がよい場合が多いと考えられる。
　ただし、これはあくまでも原則であり、異動等を誘因として発症したケースにおいては、現在の新しい職場にうまく適応できなかった結果である可能性が高いため、適応できていた以前の職場に戻すか、又は他の適応可能と思われる職場への異動を積極的に考慮した方がよい場合がある。
　　　（中略）
(6)　職場復帰する労働者への心理的支援
　疾病による休業は、多くの労働者にとって働くことについての自信を失わせる出来事である。必要以上に自信を失った状態での職場復帰は、当該労働者の健康及び就業能力の回復に好ましくない影響を与える可能性が高いため、休業開始から復職後に至るまで、適宜、周囲からの適切な心理的支援が大切となる。特に管理監督者は、労働者の焦りや不安に対して耳を傾け、健康の回復を優先するよう努め、何らかの問題が生じた場合には早めに相談するよう労働者に伝え、事業場内産業保健スタッフ等と相談しながら適切な支援を行っていく必要がある。
　管理監督者や労働者に対して、教育研修・情報提供を通じ、職場復帰支援への理解を高め、職場復帰を支援する体制をつくることが重要である。

（参考：「改訂　心の健康問題により休業した労働者の職場復帰支援の手引き」(厚生労働省)）

【64】　復帰後すぐに労働者が退職したいと言ってきた場合は

　　　労働者が復職後すぐに退職したいと言ってきた場合、どうなるのでしょうか。

Ａ　　　労働者の任意退職（辞職）の自由は、労働法の基本原則の1つであり、期間の定めのない労働契約では、原則として2週間の予告期間をもって自由に解約できます。

解　説

1　退職の自由

　労働者は、労働関係において1日の一定時間、また一定の期間、使用者の指揮命令下での労務提供を義務付けられますが、近・現代社会においてそれが許されるのは、労働者が自己決定によってそれに同意したからです。したがって、労働契約から生じる人的な従属性も、あくまで労働者の自律性に基礎を置かねばならず、労働関係から離脱する自由、すなわち労働者の任意退職（辞職）の自由は、労働法の最も重要な原則の1つとされるゆえんなのです。不当な人的拘束と意に反する苦役の禁止を宣言する日本国憲法18条は、労働関係においては任意退職の自由の保障を要求しており、期間の定めのない労働契約において、当事者が解約の自由を持つことが規定され（民627①）、有期労働契約の期間に制限が設けられている（労基14①）のも、労働者の労働関係からの離脱の自由を保障するためです。

2　退職の制限

　労働者が行う労働契約の解約（＝任意退職、辞職）に対する規制は、労働基準法には規定がなく、一般法である民法によりなされており、

労働契約が①期間の定めがないもの（正社員）と、②期間の定めのあるもの（契約社員など）とで以下のとおり異なります。①の場合、2週間の予告期間を置くことで、労働者はいつでも解約でき（民627）、②の場合、途中解約は原則として認められず、例外として「やむを得ない事由があるとき」に限り認められています（民628）。

　本件では、①の場合が想定されていますので、以下はそれを前提として述べます。

　労働者の退職は、期間の定めのない雇用契約については、原則として2週間の予告期間を置けば、いつでも（＝理由を要せず）解約でき（民627）、同規定は使用者による不当な人身拘束を防止する趣旨のものであり、強行法規と解されています。また、平成29年民法（債権法）改正（令和2年4月施行）により、期間によって報酬を定めた場合の解約期間の制限（民627②）は、使用者からの解約にのみ適用されています。

　したがって、使用者の承諾を必要としたり、2週間前よりも早い時期の申入れを義務付ける就業規則や個別合意は無効とされ、また引継ぎが終了するまで退職しない旨の誓約書はいずれも無効とされます。すなわち、退職に伴うトラブルを防止する目的で、労働者の退職の意思を明確にするため、就業規則等により労働者に対して所定の退職届を使用することや、退職届の提出時期を1か月前とすることを求めること自体はかまいませんが、それを義務付けたりそれに基づかない労働者の退職を禁止することは無効とされます。

　裁判例としては、使用者による引き留めに応じなかったことを理由とする損害賠償などの退職妨害行為は、不法行為を構成するとされた、プロシード元従業員事件（横浜地判平29・3・30労判1159・5）、うつ病を理由に辞職の希望を伝えたにもかかわらず、使用者が労働者の申出を頑なに拒んで、逆に後任者が来るまで勤務し引継ぎを行うとの誓約書をとられ、退職に際して損害賠償請求を受けたケースで、使用者の行為を違法として損害賠償（慰謝料5万円）の支払を命じた、広告代理店A

社元従業員事件（福岡高判平28・10・14労判1155・37）などがあります。

　なお、労働者が2週間の予告期間内（若しくは即時）に辞職した場合、「やむを得ない事由」（例えば上司からのハラスメントにより耐えられないなど）があれば、即時解約が認められますが（民628）、労働者に過失がある場合には損害賠償責任を負うことがあります（ケイズインターナショナル事件＝東京地判平4・9・30労判616・10）。

3　退職の意思表示の効果

　労働者の一方的解約としての辞職（退職）の意思表示は、合意解約の場合と異なり、使用者に到達した時点で解約告知としての効力を生じ（＝形成権の行使）、それ以後は撤回し得ません。ただし、意思表示の瑕疵による無効又は取消し（民93〜96）の主張はなし得ます。

> ### アドバイス
>
> 　労働者の退職は、期間の定めのない雇用契約については、原則として2週間の予告期間を置けば、いつでも（＝理由を要せず）解約でき（民627）、同規定は使用者による不当な人身拘束を防止する趣旨のものであり、強行法規と解されています。したがって、使用者の承諾を必要としたり、2週間前よりも早い時期の申入れを義務付ける就業規則や個別合意は無効とされ、また引継ぎが終了するまで退職しない旨の誓約書はいずれも無効とされますので注意が必要です。

参考判例

○使用者が不正経理の調査が終了するまで退職は認めないという態度をとったとしても、解約申入れ後2週間の経過によって労働契約は解約され、その後使用者は同労働者を懲戒解雇することはできないとした事例（エスエイピー・ジャパン事件＝東京地判平14・9・3労判839・32）

【65】　復職後の断続欠勤は

Q　私傷病（メンタルヘルス疾患）等により、休職期間満了で自然退職扱いしたところ、退職無効とされて職場復帰した労働者が、復帰後も出勤と欠勤を繰り返していますが、このような労働者の処遇はどのようにしたらよいでしょうか。

A　メンタルヘルス疾患などの場合、一旦復職したものの再度体調が悪化し、出勤と欠勤を繰り返すケース（断続欠勤）も少なくありません。このような場合、再度の休職命令を発令せずに解雇する場合、私傷病の症状からして、再度の休職期間内では到底治癒しないことが客観的に明らかであれば解雇は有効ですが、そうでない限り、権利濫用として無効になる可能性が高いといえます。

解　説

1　断続欠勤への対処

　私傷病により休職期間満了退職後、復職した場合でも、しばしば体調が良くなったり悪くなったりを繰り返すことがあるため、必ずしも連続して欠勤するわけではなく、例えば、2か月欠勤した後に3日間だけ出勤し、その後にまた1か月欠勤するような場合があります（断続欠勤）。このような場合、就業規則に「私傷病を理由とする欠勤が3か月継続したとき」という休職事由しか規定していなければ、上記のように出勤と欠勤を繰り返している労働者に対して、当該休職事由に基づいて休職命令を出すことはできません。

2　休職規定の整備

　このような事態の場合、「会社が必要と認めたとき」というような包括的な休職事由を定めても、会社が必要と認めさえすれば、合理的な理由もなく休職を命じることができると解することはできず、このような包括的な休職事由に基づいて休職命令を発令した場合には、休職命令の合理性・相当性が後に争われる可能性があります。

　したがって、「私傷病を理由とする欠勤が3か月継続した場合、又はこれと同視できる欠勤状況のとき」等の規定も設けて、断続欠勤に対応できるようにしておくべきです。

3　復職と休職を繰り返す労働者を解雇することはできるか

　メンタルヘルス疾患の場合、一旦復職したものの、再度体調が悪化し、欠勤が続くケースも少なくありません。このような場合、復職時に当該傷病が完全には治癒していなかった可能性があり、そこで、再度の休職命令を発令せずに解雇することが考えられます。私傷病の症状、病状からして、再度の休職期間内では到底治癒しないことが客観的に明らかであれば解雇は有効ですが、そうでない限り権利濫用として無効になる可能性が高いといえます（労契16）。例えば、うつ病により一旦休職したものの、その後復職し、再度不調となった際、休職期間が残っているにもかかわらず、2度目の休職を経ずに解雇し、当該解雇が無効とされた裁判例としてカンドー事件（東京地判平17・2・18労判892・80）があります。

　そこで、このような状況に対応するため、就業規則等で通算規定（復職前の休職期間と復職後の欠勤・休職期間を通算するもの）や、回数制限規定を設けることが考えられます。

(1)　通算規定

　「私傷病休職により休職していた労働者が、復職後6か月以内に同一

又は類似の傷病により欠勤する場合は、休職期間は復職前の休職期間
と通算する。」といった通算規定を設けることが考えられます。うつ
病で欠勤して、復職した後、今度は適応障害で欠勤するような場合に
対応するためです。

(2)　回数制限規定

「私傷病休職は、同一又は類似の傷病について○回限りとする。」と
いう回数制限規定も、場合によっては検討されるべきでしょう。

アドバイス

　労働者がメンタル不全などで就労が困難となっている場合に、使用者
が休職や業務軽減など解雇回避措置をとることなく解雇した場合、解雇
権濫用として無効判断をされることがあります。

参考判例

○精神的な不調を来した労働者が、欠勤届を出さないまま欠勤を続けてい
　たことに対して、使用者が精神科医による診断結果等に応じて、休職等
　の措置を検討し経過を見るなどの対応をとることなく諭旨解雇したケー
　スで、使用者として適切な対応とはいい難く諭旨解雇を無効とした事例
　（日本ヒューレット・パッカード事件＝最判平24・4・27労判1055・5）

【66】　復職に伴う軽易業務への転換と降格などは

Q　　育児休業から復職した女性労働者を、原職より負担の
軽い業務に担当変更し、それに伴う降格、賃金減額をす
ることは許されるでしょうか。

A　　育児休業からの復職労働者を軽易業務へ転換させるこ
とを契機として降格や賃金減額をすることは、雇用の分
野における男女の均等な機会及び待遇の確保等に関する法律（以
下、本文中は「均等法」といいます。）、育児休業、介護休業等育
児又は家族介護を行う労働者の福祉に関する法律（以下、本文中
は「育介法」といいます。）の趣旨に反し許されません。

解　説

1　妊娠中の軽易業務への転換

　使用者は、妊娠中の女性が請求した場合、他の軽易な業務に転換さ
せなければなりません（労基65③）。妊娠中の女性を保護するため、軽
易業務への転換を請求する権利を使用者への罰則付き（労基119一）で
認めたものです。軽易業務の種類等については特に規定はなく、原則
として女性が指定した業務に転換させる趣旨のものと解されていま
す。これには、業務内容の転換だけでなく、労働時間帯の変更（例え
ば早番を遅番にすること）も含まれると解されています。

2　婚姻・妊娠・出産等を理由とする差別の禁止（マタハラ禁止）

　近年、セクハラと並んで、女性の妊娠・出産・育児休業などに関わ
る差別やいやがらせなどの言動がマタニティ・ハラスメント（マタハ

ラ）として大きな社会問題となっています。マタハラは、ハラスメントの一種とされ、セクハラとは異なり、均等法等に明文の禁止規定が存在します。

　均等法は、女性労働者の婚姻、妊娠、出産を退職理由として予定することの禁止（雇均9①）、女性労働者が婚姻したことを理由とする解雇の禁止（雇均9②）、女性労働者が妊娠したこと、出産したこと、労働基準法65条の産前産後休業を請求若しくは取得したこと、その他厚生労働省令で定めるもの（雇均則2の2）（労働基準法65条3項による軽易業務への転換請求、時間外労働免除請求など）を理由とする解雇その他の不利益取扱いの禁止（雇均9③）を定めています。また、妊娠中及び出産後1年を経過しない女性労働者の解雇は、事業主が妊娠、出産、産前産後休業の請求・取得などを理由とする解雇でないことを証明しない限り、無効としています（雇均9④）。労働基準法19条1項は、労働基準法65条による産前産後休業中とその後30日間の解雇を絶対的に禁止していますが、均等法のこの規定は解雇禁止の範囲を広げる一方、使用者が解雇が妊娠・出産・産前産後休業の請求・取得などを理由とするものでないことを証明して、違反の責任を免れる余地を認めているのです。

　最高裁は、平成26年の判決において、均等法9条3項が強行規定であることを明確にした上で、妊娠した労働者が軽易作業への転換（労基65③）を請求したことを契機として、当該労働者を副主任から降格させることは、原則として均等法9条3項に違反するが、ただ、労働者が自由な意思に基づいて降格を承諾したものと認めるに足りる合理的な理由が客観的に存在する場合と、降格が均等法9条3項の趣旨に実質的に反しないといえる「特段の事情」がある場合に限り、同項に違反しないとしました。

　この最高裁判決を受けて、平成28年に均等法が改正され、女性の妊

娠・出産・産前産後休業等に関わる言動により、女性の就業環境が害されることのないように、当該女性からの相談に応じ、適切に対応するために必要な体制の整備その他の雇用管理上必要な措置を講じるという事業主の義務が規定されました（雇均11の3）。使用者が講じるべき措置の具体的内容については、告示（平28・8・2厚労告312）が出されています。また、令和元年の均等法改正により、労働者がマタハラにつき使用者に相談したこと等を理由とする不利益取扱いの禁止が明記されました（雇均11の4）。

3　均等法等違反の効果

　均等法の諸規定は、労働基準法などと異なり、罰則を予定せず、行政救済を予定するのみです。この行政救済手続は、当初より多少改善されましたがなお不十分であり、違反の救済については、依然として民事訴訟手続が中心的な役割を果たしています。均等法の諸規定は基本的には私法的強行規定であり、事業主の行った均等法違反の行為は原則として違法・無効になります（育介法も同様）。労働者は、不利益取扱いによって受けた損害の賠償を求め得るほか、事案に応じて、差別がなかったとしたら得ていたであろう地位（昇格した地位、正社員としての地位など）の確認請求も可能と解されています。

索　引

230

判例年次索引

Q&A 解雇トラブル後の実務ポイント
－合意退職・復職の手続と対応の留意点－

令和4年7月20日　初版発行

著　者　水　谷　　　英　夫

発行者　新日本法規出版株式会社
　　　　代表者　星　　謙一郎

発行所　**新日本法規出版株式会社**

本　　社　（460-8455）　名古屋市中区栄1－23－20
総轄本部　　　　　　　　電話　代表　052(211)1525
東京本社　（162-8407）　東京都新宿区市谷砂土原町2－6
　　　　　　　　　　　　電話　代表　03(3269)2220
支　　社　札幌・仙台・東京・関東・名古屋・大阪・広島
　　　　　高松・福岡
ホームページ　https://www.sn-hoki.co.jp/